beck'sche reihe

bsr

In diesem Buch geht es um die Zweifelsfälle, denen man im Schreiballtag am häufigsten begegnet. Klaus Mackowiak klärt diese pragmatisch, verständlich und ohne allzuviel Fachjargon. Das Buch weist auf ungezwungene Weise den Weg zu fehlerfreiem Deutsch und ist auch für versierte Schreiber eine nützliche Hilfe.

Klaus Mackowiak arbeitete lange Jahre als wissenschaftlicher Mitarbeiter am Grammatischen Telefon der RWTH Aachen und beantwortete Fragen zu grammatischen, orthographischen und stilistischen Unklarheiten. Er schreibt heute als Journalist für mehrere große Tageszeitungen und ist Sprachberater für die Duden-Redaktion. Bei C. H. Beck ist von ihm erschienen: *Grammatik ohne Grauen* (bsr 1286, 1999).

Inhalt

Einleitung

Die Erfahrung in der telefonischen Sprachberatung zeigt, dass es immer wieder die gleichen Probleme sind, die den versierten Schreiber zum Hörer greifen lassen. Wenn man also die 101 häufigsten Zweifelsfälle zusammenstellt, dürfte man über 95 Prozent der Anfragen abgedeckt haben. Und beantwortet man diese Fragen dann noch, müssten ja über 95 Prozent der Probleme des Schreiballtags gelöst sein. So die Idee dieses Buches.

Eine Art Hitparade der «beliebtesten» Fehler – wie stellt man die eigentlich auf? Am besten ganz unverkrampft. Unverkrampft mag heißen, dass man sowohl statistisches Zahlenmaterial zur Fehlerhäufigkeit einfließen lässt als auch subjektive Erfahrungswerte aus der Sprachberatung. Allein Zahlenmaterial zu Grunde zu legen hätte nämlich erhebliche Nachteile. Zum einen ist die Datenlage für den Bereich Grammatik ziemlich dürftig. Zum anderen ist, was den engeren Bereich Rechtschreibung und Zeichensetzung angeht, die Methode der Erhebung nicht so ideal: Meist handelt es sich da um Fehlerstatistiken, die anhand von Probediktaten erhoben wurden. Aber Probediktate formulieren heißt auch, Sollbruchstellen vorzugeben, die dann natürlich unrepräsentativ häufig als Fehler erscheinen werden. Daher wurden hier solche Fehlerstatistiken grundsätzlich nicht herangezogen.

Stattdessen bietet es sich an, von Statistiken über die Anfragen auszugehen, die an die einschlägigen Sprachberatungsstellen gerichtet werden. Anfragestatistiken haben den Vorteil, dass wirklich nur als relevant empfundene Probleme erfasst werden. Anfragestatistiken haben aber auch zwei erhebliche Nachteile: Es gibt kaum welche, und es werden nur die Probleme abgebildet, die von der nachfragenden Klientel als wichtig angesehen werden. Was das Erste angeht, so ist man über das wenige Vorhandene hinaus auf eigene «Strichlisten» angewiesen und muss zudem durch Erfahrung auffüllen. Was das Zweite betrifft, so ist der Nachteil vielleicht kein so großer. Man kann sagen, dass Sprachberatung vor allem von erfahrenen Schreibern in Anspruch genommen wird, von Menschen, die meist im beruflichen Umfeld viel schreiben. Das sind in der Regel

Menschen mit hoher Schreibkompetenz. Anfragestatistiken und Anfrageerfahrungen bilden dann also vornehmlich deren Schreibprobleme ab, und die sind gewiss schon etwas ausgesuchterer Natur. Da aber zu vermuten ist, dass die Kunden der telefonischen Sprachberatung und die Interessenten für ein Buch dieser Art eine große Schnittmenge besitzen, ist der vermeintliche Nachteil eher ein Vorteil. Damit wäre auch die Zielgruppe dieses Buches umrissen: Es ist für den versierten Schreiber im Schreiballtag gedacht (nicht etwa für den Schrifterwerb in der Schule).

Wenn Fragen der Ausgangspunkt für die – hoffentlich – passenden Antworten sind, kann man natürlich keinen systematischen Aufbau erwarten. Es werden jeweils Einzelfälle bearbeitet und im jeweiligen Kapitel abgehandelt. Vorausgesetzt wird eine rudimentäre grammatische Terminologie. Sollte aber der eine oder andere grammatische Fachausdruck nicht geläufig sein, hilft ein ausführliches Glossar weiter.

In einem Punkt haben wir die eingangs beschriebene Idee dieses Buches nicht ganz konsequent verfolgt. Denn gerade in Zeiten heftigster Diskussion um die neue Rechtschreibung stehen natürlich Fragen zur Orthographie und Zeichensetzung im Vordergrund der Anfragen. Übernähme man diese eins zu eins in die Liste der häufigsten Fehler, kämen überhaupt nur Fragen zu diesem Bereich vor. In der Hoffnung, dass sich etliche Verstörungen nach und nach erledigen, ist dieser Bereich nicht repräsentativ wiedergegeben, sondern deutlich reduziert.

1. Aufsehen erregende / aufsehenerregende Enthüllungen

Getrennt- oder Zusammenschreibung bei Fügungen aus Substantiv und Partizip

Mit der neuen Rechtschreibung ist die Frage nach der Getrennt- oder Zusammenschreibung von Fügungen aus Substantiv und Partizip zu dem Renner schlechthin avanciert. Hier gilt Folgendes:

Ist das Substantiv in einer solchen Fügung nicht selbstständig wie in *friedliebend* oder *nutzbringend* oder enthält die Fügung ein Fugenzeichen wie in *ordnungsliebend* oder *wettbewerbsverzerrend*, wird grundsätzlich zusammengeschrieben.

Liegen diese Bedingungen nicht vor, empfiehlt es sich, einen Test vorzunehmen. Wir erläutern das am Beispiel von *freudestrahlend*, *Aufsehen erregend / aufsehenerregend* und *Fleisch fressend / fleischfressend.*

Man verwandelt den in Frage stehenden Ausdruck in einen kleinen Satz. Dazu formt man das Partizip in ein finites Verb um und übernimmt das in der Fügung enthaltene Substantiv ohne jede Änderung in diesen Satz:

freudestrahlende Fans → **Die Fans strahlen Freude.* (Richtig wäre: *Die Fans strahlen vor Freude.*)
Aufsehen erregende / aufsehenerregende Neuigkeiten → *Die Neuigkeiten erregen Aufsehen.*
eine Fleisch fressende Pflanze → *Die Pflanze frisst Fleisch.*

Im ersten Beispiel ergibt sich mit **Die Fans strahlen Freude* ein ungrammatischer Satz. In der Fügung *freudestrahlend* ist ein für den Satz grammatisch notwendiger Teil entfallen, hier die Präposition *vor*. Das heißt, in der vorliegenden Fügung steht das Substantiv für eine ganze Wortgruppe, hier für die Wortgruppe *vor Freude*. In solchen Fällen schreibt man stets zusammen (da sonst ein grammatisch unanalysierbarer Rest bliebe). Zu dieser Gruppe von Verbindungen gehören: *freudestrahlend*, *zähneknirschend*, *kraftstrotzend*, *kitschtriefend*, *anlagebedingt*, *energieorientiert* u. a.

Übrigens: Ergänzt man das Fehlende, wird wieder getrennt geschrieben: *vor Freude strahlende Fans*, *vor Kitsch triefende Geschichten*, *an Energie orientiert* usw.

Bei *Aufsehen erregend / aufsehenerregend* und *Fleisch fressend / fleischfressend* dagegen ergeben sich grammatisch einwandfreie Sätze. Hier ist es freigestellt, ob man getrennt oder zusammenschreibt. Zu dieser Gruppe gehören etwa: *Furcht einflößend / furchteinflößend, Energie sparend / energiesparend, Fett abweisend / fettabweisend, Ekel erregend / ekelerregend, Erdöl exportierend / erdölexportierend, Ton abbauend / tonabbauend, Laub tragend / laubtragend, Rat suchend / ratsuchend, Eisen verarbeitend / eisenverarbeitend* usw. Aber nur: *großes Aufsehen erregend, äußerst aufsehenerregend, fossile Energie sparend, sehr energiesparend* usw.

Anmerkung: Diese Regelungen gelten auch für Verbindungen aus Substantiv und Partizip, die substantiviert werden: *Vor den Schaltern versammelten sich viele Rat Suchende / Ratsuchende.*

2. Blochs Interpretation dieser Passage als der schwierigsten Stelle / die schwierigste Stelle der Phänomenologie des Geistes

Kongruenz bei der engen Apposition mit *als* oder *wie*

In der engen Apposition mit *als* verhaspelt sich nicht allein der Schreiber gern. Auch dem Leser bereitet es mitunter Kopfzerbrechen, eine solche Konstruktion – selbst wenn sie korrekt gebildet ist – aufzudröseln. Vor allem, wenn diese *als*-Konstruktion noch Präpositional- oder/und Genitivattribute enthält, wird's schwierig. Wenn die Textverständlichkeit gewährleistet sein soll – und wo sollte das nicht der Fall sein?–, wird man solche Konstruktionen zurückhaltend einsetzen. Wie aber macht man es – unabhängig von der Textverständlichkeit – erst einmal grundsätzlich richtig?

Die enge Apposition mit *als* steht in der Regel in Kasuskongruenz zum Bezugswort. Dies gilt immer für den **Nominativ**, **Dativ** oder **Akkusativ**.

Nominativ: *Richard Wagner als der Gesamtkünstler, Schwan und Musik als die störenden Elemente, ich als Grammatiker, wir als die Verlierertypen*

Dativ: *dem Tontechniker als einem Fachmann, von dir als feinsinnigem Opernfan, den Zuschauern als mehr oder weniger unschuldigen Opfern*

Akkusativ: *einen Lorbeerkranz als gebührenden Lohn, ihn als geborenen Repetitor, ohne eine Tüte Lakritz als schlechten Ersatz, für die Kinder als die Chormitglieder*

Statt Dativ oder Akkusativ den Nominativ zu verwenden (**von dir als feinsinniger Opernfan, *ohne eine Tüte Lakritz als schlechter Ersatz*) ist nicht korrekt.

Bezieht sich die enge Apposition mit *als* auf einen **Genitiv**, gibt es schon mal Schwierigkeiten mit den korrekten Endungen. Hier sind verschiedene Fälle zu unterscheiden:

Wird die Apposition mit *als* von einem Artikel eingeleitet, dann steht sie – sozusagen ganz normal – wie das Bezugswort im Genitiv: *Die Limousine seines Onkels als eines äußerst erfolgreichen Immobilienmaklers schien wenig repräsentativ. Die Nutzung der Strömung als einer kostenlosen Antriebskraft war nicht ungeschickt. Die Premiere der Schauspielerin als einer neuen Größe im deutschen Film überzeugte Fans wie Kritiker gleichermaßen.*

Wenn allerdings die *als*-Gruppe (auch) als Attribut auf das übergeordnete Substantiv zu beziehen ist, verwendet man meist den Nominativ, gelegentlich auch noch den Genitiv:

Die Nutzung der Strömung als eine kostenlose Antriebskraft war nicht ungeschickt. (= Die Strömung wurde genutzt als eine kostenlose Antriebskraft. Das war nicht ungeschickt.) / *Die Nutzung der Strömung als einer kostenlosen Antriebskraft war nicht ungeschickt.* (= Die Strömung als eine kostenlose Antriebskraft wurde genutzt. Das war nicht ungeschickt.)

Wird die enge Apposition mit *als* ohne Artikel an ein Bezugswort im Genitiv angeschlossen, sind wiederum zwei Unterfälle zu unterscheiden:

1. Tritt das Substantiv der Apposition ohne Adjektiv auf, erscheint sie im Nominativ: *Die Aggressivität des Rüden als Kampfhund war spürbar. Die Kontrolle des Deltas als Drogenanbaugebiet war nicht mehr gewährleistet.*
2. Wird das Substantiv der Apposition von einem Adjektiv begleitet, ist bisweilen auch der Genitiv vertretbar: *Die Aggressivität des Rüden als wilder Kampfhund / wilden Kampfhundes war spürbar. Die Kontrolle des Deltas als hart umkämpftes Drogenanbaugebiet / hart umkämpften Drogenanbaugebietes war nicht mehr gewährleistet.*

Wird statt des Genitivattributs ein **Possessivpronomen** verwendet, steht immer der Nominativ: *die Aggressivität des Rüden als wilder Kampfhund / wilden Kampfhundes → seine Aggressivität als wilder Kampfhund, die Kontrolle des Deltas als hart umkämpftes Drogenanbaugebiet / hart umkämpften Drogenanbaugebietes → seine Kontrolle als hart umkämpftes Drogenanbaugebiet*

Verwendet man statt des Genitivattributs ein **Präpositionalgefüge mit *von***, steht die *als*-Apposition in der Regel im Dativ: *die Aggressivität von Rex als wildem / einem wilden / dem wilden Kampfhund, die Kontrolle von Medellin als hart umkämpftem / einem hart umkämpften / dem hart umkämpften Drogenanbaugebiet*

Kann man die *als*-Gruppe nicht nur auf das *von*-Gefüge, sondern auch auf das übergeordnete Substantiv beziehen, ist wie beim Genitivattribut auch der Nominativ möglich:

die Bewahrung von Mittelgebirgen als Rückzugsräumen für bedrohte Arten (= die Mittelgebirge als Rückzugsräume für bedrohte Arten werden bewahrt), *die Bewahrung von Mittelgebirgen als Rückzugsräume für bedrohte Arten* (= die Mittelgebirge werden bewahrt als Rückzugsräume für bedrohte Arten)

Achtung! Bisweilen ist bei Satzgliedern, die mit vergleichendem *wie* oder *als* eingeleitet werden, nicht klar auszumachen, ob sie als Appositionen oder als verkürzte (elliptische) Vergleichssätze anzusehen sind. Daher wird in diesen Fällen oft nicht die Kasuskongruenz der Apposition als angemessen betrachtet, sondern der Nominativ: *So behandelt sie nur Künstler wie ihr* (es seid) / *euch. Durch reißende Gebirgsbäche wie dieser* (einer ist) / *diesen arbeitet sich nur ein erfahrener Kanute. Bei einer Führungskraft wie Sie* (eine sind) / *Ihnen darf man das schon erwarten. Unter alten Kämpen wie du und sie* (es sind) / *dir und ihr wird immer ein wenig gemauschelt werden. Habt ihr je Beeindruckenderes gesehen als dieser Keltenschatz* (es ist) / *diesen Keltenschatz? Wir ahnten nichts Gutes, aber doch auch nichts Übleres als der Tod* (es sein könnte) / *den Tod.*

Anmerkung: Bei *als*-Gruppen mit längeren oder mehreren Genitiv- und Präpositionalattributen ist die enge Apposition mit *als* unter Gesichtspunkten der Textverständlichkeit allerdings grundsätzlich nicht zu empfehlen. Auch an sprachlicher Eleganz ist diese Konstruktion leicht zu überbieten.

3. Drei verschiedene Verfahren werden unterschieden:
- ***Aufspritzkämmung***
- ***komplexe In-situ-Applikation***
- ***die Dichtungsmasse wird halbautomatisch am Band eingebracht***

Groß- oder Kleinschreibung und Satzzeichen bei Spiegelstrichen

Aufzählungen mit Spiegelstrich sind oft durchaus geeignet, dem Leser einen guten Überblick über komplexe Themen zu verschaffen. Dazu sollten die einzelnen Aufzählungsglieder aber – dies gleich als Empfehlung – möglichst knapp gehalten werden. Ansonsten verliert diese Art der Aufzählung schnell ihren Vorteil: die Übersichtlichkeit.

Die vielen Möglichkeiten, grammatisch Unterschiedliches aufzuzählen, machen eine korrekte Zeichensetzung und Groß- und Kleinschreibung äußerst schwierig. Um dies zu klären, unterscheiden wir die wichtigsten Fälle:

Die Einleitungszeile(n) und die Aufzählungsglieder bilden einen zusammenhängenden Satz

Ob man nach dem einleitenden Teil einen Doppelpunkt setzt oder nicht, ist freigestellt.

1. Sind die Aufzählungsglieder weder Nebensätze noch erweiterte Infinitive mit *zu*, sondern **Nominalgruppen**, gilt:

- Beginnt ein Aufzählungsglied mit einem Wort, das normalerweise kleingeschrieben wird, kann man groß- oder kleinschreiben (allerdings nicht von Zeile zu Zeile wechselnd)
- Bei Kleinschreibung kann man nach den einzelnen Aufzählungsgliedern ein Komma setzen und hinter das letzte einen Punkt; oder man schreibt die Aufzählungsglieder ganz ohne abschließende Satzzeichen
- Bei Großschreibung werden keine abschließenden Satzzeichen gesetzt

  Empfohlen sei folgende Variante:

Unsere Zoohandlungsfiliale in Travemünde bietet an[:]
- *faule Hunde*
- *fliegende Fische*

- *gelassene Schildkröten*
- *schräge Vögel*

Falls man Kommas verwendet, ist zu beachten, dass eine nebenordnende Konjunktion wie *und*, *sowie*, *oder*, *bzw.* usw. ein Aufzählungskomma storniert:

Unsere Zoohandlungsfiliale in Travemünde bietet an[:]
- *faule Hunde,*
- *fliegende Fische,*
- *gelassene Schildkröten*
- *und schräge Vögel.*

2. Sind die Aufzählungsglieder **Nebensätze**, gilt:
- Eine allen Aufzählungsgliedern gemeinsame Subjunktion kann entweder mit in die Einleitungszeile geschrieben werden oder das jeweilige Aufzählungsglied einleiten
- Unterscheiden sich die Subjunktionen, stehen sie jeweils am Anfang der einzelnen Aufzählungsglieder
- Hinter die Einleitungszeile wird kein Komma gesetzt (allerdings wird ein Komma vor die einleitende Subjunktion gesetzt, wenn diese mit in den Einleitungssatz genommen wird)
- Beginnt ein Aufzählungsglied mit einem Wort, das normalerweise kleingeschrieben wird, empfehlen wir kleinzuschreiben (aber selbst hier wäre wegen der frei stehenden Zeilen auch Großschreibung zu vertreten)
- Man kann hinter die einzelnen Aufzählungsglieder Kommas setzen und hinter das letzte dann einen Punkt; oder man schreibt die Aufzählungsglieder ganz ohne abschließende Satzzeichen
  Empfohlen seien folgende Varianten:

Wir nehmen an der Rursee-Regatta teil, weil[:]
- *wir an unser Renommee denken*
- *andere Hochschulen auch dabei sind*
- *der neu entstandene Nationalpark zu erkunden ist*

Wir nehmen an der Rursee-Regatta teil[:]
- *weil wir an unser Renommee denken*
- *weil andere Hochschulen auch dabei sind*
- *weil der neu entstandene Nationalpark zu erkunden ist*

Wir nehmen an der Rursee-Regatta teil[:]
- *damit unser Renommee aufpoliert wird*

- *weil andere Hochschulen auch dabei sind*
- *weil der neu entstandene Nationalpark zu erkunden ist*

Auch hier ist zu beachten, dass eine nebenordnende Konjunktion wie *und*, *sowie* usw. ein eventuell verwendetes Aufzählungskomma storniert:

Wir nehmen an der Rursee-Regatta teil[:]
- *damit unser Renommee aufpoliert wird,*
- *weil andere Hochschulen auch dabei sind*
- *und weil der neu entstandene Nationalpark zu erkunden ist.*

3. Sind die Aufzählungsglieder **Infinitivgruppen mit *zu***, gilt:
- Beginnt ein Aufzählungsglied mit einem Wort, das normalerweise kleingeschrieben wird, bleibt es auf jeden Fall kleingeschrieben
- Man kann hinter die einzelnen Aufzählungsglieder Kommas setzen (nebenordnende Konjunktionen stornieren natürlich auch hier das Komma) und hinter das letzte einen Punkt; oder man schreibt die Aufzählungsglieder ganz ohne abschließende Satzzeichen
  Empfohlen sei folgende Variante:

Sie haben die Möglichkeit[:]
- *sich traditionell mit einem Bewerbungsschreiben an uns zu wenden*
- *sich über das Internet zu bewerben*
- *unser Rekrutierungsbüro aufzusuchen*
- *oder weiterhin auf Ihrem heimischen Sofa die Kartoffelchipsindustrie am Leben zu erhalten*

4. Sind die Aufzählungsglieder **gemischt**, gilt:
- Beginnt ein Aufzählungsglied mit einem Wort, das normalerweise kleingeschrieben wird, empfehlen wir kleinzuschreiben (aber selbst hier wäre wegen der frei stehenden Zeilen auch Großschreibung vertretbar)
- Hinter die einzelnen Aufzählungsglieder kann man ein Komma setzen und hinter das letzte einen Punkt (eine nebenordnende Konjunktion storniert auch hier das Komma); oder man schreibt die Aufzählungsglieder ganz ohne abschließende Satzzeichen
  Empfohlen sei diese Variante:

Wir werden definitiv bis Ende dieses Jahres an die Börse gehen[:]
- *um Kapital für Neuinvestitionen zu beschaffen*
- *weil wir für die Kapitalbeschaffung keine geeignetere Möglichkeit sehen*
- *um der Sicherung von Standort und Arbeitsplätzen willen*

5. Ganz haarig wird es, wenn man innerhalb einzelner Aufzählungsglieder auch noch **weitere kommentierende Sätze** verwendet. Meist fördert das nicht die Übersichtlichkeit. Solange diese Sätze nach Komma, Semikolon oder Klammer dem vorangehenden Aufzählungsglied folgen, ändert das nichts an den bisherigen Regelungen. Soll es aber partout ein Punkt innerhalb eines Aufzählungsgliedes sein (vermeiden lässt sich der allerdings immer …), kann man den Spiegelstrich mit einigem Mut als Auslassungszeichen deuten, das für den Einleitungssatz steht. Dann wäre folgende Variante denkbar (aber eigentlich nicht nötig):

Wir werden definitiv bis Ende dieses Jahres an die Börse gehen[:]
- *um Kapital für Neuinvestitionen zu beschaffen. Denn ohne Kapital lassen sich Ski-Internate nicht finanzieren*
- *weil wir für die Kapitalbeschaffung keine geeignetere Möglichkeit sehen. Die Vorschläge des Knorx-Konsortiums haben sich als nicht tragfähig erwiesen*
- *um der Sicherung von Standort und Arbeitsplätzen willen*

Die Einleitungszeile(n) und Aufzählungsglieder bilden keinen zusammenhängenden Satz

Ob man nach dem einleitenden Teil einen Doppelpunkt setzt oder nicht, ist freigestellt.

1. Sind die Aufzählungsglieder keine Hauptsätze, sondern **Nominalgruppen**, gilt:
- Wenn man keinen Doppelpunkt setzt, die einleitende Zeile also quasi als Überschrift auftritt, empfehlen wir, das erste Wort jedes Aufzählungsgliedes großzuschreiben (Kleinschreibung ist aber auch vertretbar)
- Setzt man einen Doppelpunkt, empfehlen wir, das erste Wort jedes Aufzählungsgliedes – außer substantivisch verwendete Wörter natürlich – kleinzuschreiben (Großschreibung ist aber auch vertretbar)

- Die Aufzählungsglieder erhalten am Ende jeweils kein Satzzeichen

Folgen hoher Ablösesummen für Profi-Fußballer
- *Hohes Investitionsrisiko*
- *Mittelbar gekaufte Titel*
- *Wachsende Chancenungleichheit unter Vereinen unterschiedlicher finanzieller Ausstattung*

Folgen hoher Ablösesummen für Profi-Fußballer:
- *hohes Investitionsrisiko*
- *mittelbar gekaufte Titel*
- *wachsende Chancenungleichheit unter Vereinen unterschiedlicher finanzieller Ausstattung*

2. Sind die Aufzählungsglieder **Hauptsätze**, gilt:
- Das erste Wort jedes Aufzählungsgliedes wird großgeschrieben
- Man kann die einzelnen Aufzählungsglieder jeweils mit einem Punkt abschließen, oder man verwendet keine Satzzeichen

Folgen hoher Ablösesummen für Profi-Fußballer[:]
- *Die Investitionen sind einem hohen Risiko ausgesetzt*
- *Die Clubs mit dem meisten Geld bekommen die besten Spieler*
- *Das Geld schießt Tore und verzerrt den sportlichen Wettbewerb*
- *Die Spieler betrachten sich mehr als freie Unternehmer denn als Sportler*

Folgen hoher Ablösesummen für Profi-Fußballer[:]
- *Die Investitionen sind einem hohen Risiko ausgesetzt.*
- *Die Clubs mit dem meisten Geld bekommen die besten Spieler.*
- *Das Geld schießt Tore und verzerrt den sportlichen Wettbewerb.*
- *Die Spieler betrachten sich mehr als freie Unternehmer denn als Sportler.*

3. Sind die Aufzählungsglieder **gemischt**, gilt:
- Das erste Wort jedes Aufzählungsgliedes kann jeweils groß-, aber auch jeweils kleingeschrieben werden (falls es nicht ein substantivisches Wort ist), wir empfehlen Großschreibung
- Man setzt hinter die einzelnen Aufzählungsglieder kein Satzzeichen

Folgen hoher Ablösesummen für Profi-Fußballer[:]
- *Die Investitionen sind einem hohen Risiko ausgesetzt*
- *Mittelbar gekaufte Titel*
- *Wachsende Chancenungleichheit unter Vereinen unterschiedlicher finanzieller Ausstattung*
- *Die Spieler betrachten sich mehr als freie Unternehmer denn als Sportler*

4. Enthalten die Aufzählungsglieder **weitere, kommentierende Sätze**, wird es kompliziert.
   Die Aufzählungsglieder (v o r eventuellen kommentierenden Sätzen) sind durchgehend Nominalgruppen:

Folgen hoher Ablösesummen für Profi-Fußballer
- *Hohes Investitionsrisiko*
- *Mittelbar gekaufte Titel. Geld schießt Tore*
- *Wachsende Chancenungleichheit unter Vereinen unterschiedlicher finanzieller Ausstattung*

Folgen hoher Ablösesummen für Profi-Fußballer:
- *hohes Investitionsrisiko*
- *mittelbar gekaufte Titel. Geld schießt Tore*
- *wachsende Chancenungleichheit unter Vereinen unterschiedlicher finanzieller Ausstattung*

Die Aufzählungsglieder sind durchgehend Hauptsätze:

Folgen hoher Ablösesummen für Profi-Fußballer[:]
- *Die Investitionen sind einem hohen Risiko ausgesetzt. Risiken sind Formschwäche und Verletzung des erworbenen Spielers*
- *Die Clubs mit dem meisten Geld bekommen die besten Spieler*
- *Das Geld schießt Tore und verzerrt den sportlichen Wettbewerb*
- *Die Spieler betrachten sich mehr als freie Unternehmer denn als Sportler*

Folgen hoher Ablösesummen für Profi-Fußballer[:]
- *Die Investitionen sind einem hohen Risiko ausgesetzt. Risiken sind Formschwäche und Verletzung des erworbenen Spielers.*
- *Die Clubs mit dem meisten Geld bekommen die besten Spieler.*
- *Das Geld schießt Tore und verzerrt den sportlichen Wettbewerb.*
- *Die Spieler betrachten sich mehr als freie Unternehmer denn als Sportler.*

Die Aufzählungsglieder sind gemischt:

Folgen hoher Ablösesummen für Profi-Fußballer[:]
- *Die Investitionen sind einem hohen Risiko ausgesetzt*
- *Mittelbar gekaufte Titel. Geld schießt Tore*
- *Wachsende Chancenungleichheit unter Vereinen unterschiedlicher finanzieller Ausstattung*
- *Die Spieler betrachten sich mehr als freie Unternehmer denn als Sportler*

Folgen hoher Ablösesummen für Profi-Fußballer[:]
- *die Investitionen sind einem hohen Risiko ausgesetzt*
- *mittelbar gekaufte Titel. Geld schießt Tore*
- *wachsende Chancenungleichheit unter Vereinen unterschiedlicher finanzieller Ausstattung*
- *die Spieler betrachten sich mehr als freie Unternehmer denn als Sportler*

Anmerkung: Eine Aufzählung wird übersichtlicher, wenn man darauf achtet, dass
- die Aufzählungsglieder möglichst kurz sind
- in der Aufzählung nicht zwischen Nominalphrasen, Nebensätzen, Infinitivkonstruktionen und Hauptsätzen gewechselt wird
- in den Aufzählungsgliedern keine weiteren kommentierenden Sätze verwendet werden

4. Die Möglichkeit, in die Chefetage aufzusteigen, stand ihr weiterhin offen

Komma bei Infinitivgruppen mit *zu*

Nach der Neuregelung der Rechtschreibung ist es **in der Regel freigestellt, ob man Infinitivgruppen mit *zu* in das paarige Komma einschließt** oder nicht. Dies gilt auch für Infinitivgruppen, die mit *um*, *ohne* oder *[an]statt* eingeleitet werden: *Es war Evelyne einfach zu doof[,] sich dieses ständige Gejammer auf höchstem Niveau anzuhören. Sie weigerte sich[,] zuzuhören. Ohne weiter auf sein Gejammer zu achten[,] schloss sie die Tür.*

Wenn solch eine Infinitivgruppe in den Satz eingeschlossen ist, also kein Repräsentant des paarigen Kommas durch Satzanfang oder

Punkt ersetzt wird, ist darauf zu achten, dass entweder b e i d e Repräsentanten des paarigen Kommas gesetzt oder b e i d e weggelassen werden. Nur ein Komma zu setzen wäre in jedem Fall nicht korrekt. *Wir hoffen, Ihnen damit gedient zu haben, und verbleiben ... / Wir hoffen Ihnen damit gedient zu haben und verbleiben ...*

Allerdings sind einige Fälle zu beachten, in denen auch nach neuer Rechtschreibung die Infinitivgruppe **unbedingt** durch **ein (gegebenenfalls paariges) Komma** vom Hauptsatz abzutrennen ist:

1. wenn der Satz ohne Komma missverständlich wäre:
   Der Bundeskanzler droht, morgen vom Amte zurückzutreten. Der Bundeskanzler droht morgen, vom Amte zurückzutreten.
2. wenn die Infinitivgruppe durch ein Wort oder eine Wortgruppe wieder aufgenommen wird:
   Wegen der Pressekampagne auf ihre Karriere zu verzichten, das kam ihr überhaupt nicht in den Sinn. Dr. Richtler mit dem Versprechen unübertreffbar guter Arbeitsbedingungen zum Superteleskop auf den Andengipfel zu locken, diese perfide Idee konnte nur Frau Dr. Stetter ausgebrütet haben.
3. wenn die Infinitivgruppe durch ein hinweisendes Wort bzw. durch eine Wortgruppe angekündigt wird:
   Darauf, die Qualität des eigenen Hauses geschwächt zu haben, kam Dr. Stetter nicht. Die Aussicht, mit einem der bestausgerüsteten Superteleskope der Welt forschen zu können, versetzt Herrn Dr. Thadeus Richtler nahezu in Ekstase. Nicht eine einzige Gelegenheit, zu frohlocken, bot sich dem Kritiker.
4. bei der nachgetragenen Infinitivgruppe (der Infinitiv fällt hier aus der normalen Satzgliedfolge heraus, steht nicht da, wo er eigentlich hingehört):
   Dr. Thadeus Richtler, ohne die Folgen für seine Familie zu bedenken, setzte sich sofort in den Flieger nach Chile.

Ebenso gibt es nach neuer Rechtschreibung einige Fälle, in denen die Infinitivgruppe nach wie vor **generell ohne Komma** auftritt, und zwar wenn sie:

1. von einem Hilfsverb oder von *brauchen, pflegen, scheinen* abhängig ist: *Berechtigungsscheine sind in dreifacher Ausführung beim Entsorgungsamt zu beantragen. Das hat aber nichts zu sagen und braucht Sie auch weiter nicht zu interessieren. Wir pflegen nur das gemeine Volk so ein wenig abzuschrecken, was auch ganz gut zu funktionieren scheint.*

2. mit dem übergeordneten Satz verschränkt ist: *Diese Berechtigungsscheine will ich Ihnen – gegen eine kleine Anerkennung – unbürokratisch zu verschaffen versuchen.*
3. den übergeordneten Satz umschließt: *Die Berechtigungsscheine rate ich vorerst nicht in Deutschland, sondern nur im EU-Ausland einzusetzen.*
4. in der verbalen Klammer steht: *Die zuständige Behörde werde ich die Berechtigungsscheine umgehend auszustellen anweisen.*

5. Kalter/kalter Krieg

Groß- oder Kleinschreibung bei mehrteiligen Eigennamen und anderen Wortgruppen

Das Grenzgebiet zwischen mehrteiligen Eigennamen (*Holbein der Jüngere*, *Rheinisch-Westfälische Technische Hochschule Aachen*, *Hohe Pforte*, *Kahler Asten*, *Stiller Ozean* usw.) und anderen mehrteiligen, oft als «feststehende Ausdrücke» bezeichneten Wendungen (*schwarzes Brett*, *rote Karte*, *italienischer Salat*, *neue Medien* usw.) erweist sich immer wieder als Fehlerquelle für die Groß- und Kleinschreibung. Denn:

1. In einigen dieser Wendungen werden nicht nur substantivisch verwendete Wörter großgeschrieben, sondern grundsätzlich auch das erste Wort und alle weiteren Wörter außer Artikeln, Präpositionen und Konjunktionen.
2. In anderen Wendungen dagegen werden neben den substantivischen Bestandteilen nur die Adjektive großgeschrieben.
3. In wieder anderen Wendungen schreibt man nur die substantivischen Bestandteile groß – sozusagen «ganz normal».

Schauen wir uns an, wie das geregelt ist.

Zu 1.: Die Regel, dass **das erste Wort und alle weiteren Wörter** einer Wendung **großgeschrieben** werden **außer Artikeln, Präpositionen und Konjunktionen**, gilt ausschließlich für mehrteilige Eigennamen. Was aber ein Eigenname ist, sagt die Regelung nicht explizit. Es werden lediglich einige Gruppen von Eigennamen beispielhaft aufgeführt, und zwar

- Personennamen, Eigennamen aus Religion und Mythologie sowie Beinamen, Spitznamen usw.: *der Apokalyptische Reiter, der Alte Fritz, Katharina die Große, Klein Fritzchen*

- geographische und geographisch-politische Eigennamen von Erdteilen, Ländern, Staaten, Verwaltungsgebieten; Städten, Dörfern, Straßen, Plätzen; Landschaften, Gebirgen, Wäldern, Wüsten, Fluren; Meeren, Meeresteilen und -straßen, Flüssen, Inseln und Küsten: *Vereinigte Arabische Emirate, Freie und Hansestadt Hamburg, Klein Vielen, Wendisch Rietz, Alte Vaalser Straße, Breite Straße; Wilder Kaiser, Sächsische Schweiz; Schwarzes Meer, Kleine Antillen, Krumme Lanke, Großer Belt*
- Eigennamen von Objekten unterschiedlicher Klassen; Sternen, Sternbildern und anderen Himmelskörpern; Fahrzeugen, bestimmten Bauwerken und Örtlichkeiten; einzeln benannten Tieren, Pflanzen und gelegentlich auch Einzelobjekten weiterer Klassen; Orden und Auszeichnungen: *Kleiner Bär, Großer Wagen, Halleyscher/Halley'scher Komet; Wahre Liebe* (Schiff), *der Blaue Enzian* (Eisenbahnzug); *die Blaue Grotte* (auf Capri, Italien), *das Blaue Wunder* (Brücke, Dresden), *der Schiefe Turm* (in Pisa); *der Geölte Blitz* (ein bestimmter Windhund), *die Garstige Linde* (ein bestimmter Baum); *das Blaue Band des Ozeans, Großer Österreichischer Staatspreis für Literatur*
- Eigennamen von Institutionen, Organisationen, Einrichtungen; staatlichen bzw. öffentlichen Dienststellen, Behörden und Gremien; Bildungs- und Kulturinstitutionen; Parteien, Verbänden, Vereinen; Betrieben, Firmen, Genossenschaften, Gaststätten, Geschäften; Zeitungen und Zeitschriften: *Bayerische Staatskanzlei, Mecklenburgisches Staatstheater Schwerin, Grünes Gewölbe* (in Dresden); *Erstes Deutsches Fernsehen, Eidgenössische Technische Hochschule, Vereinte Nationen, Internationales Olympisches Komitee; Allgemeiner Deutscher Automobilclub, Börsenverein des Deutschen Buchhandels; Dresdener Bank, Bibliographisches Institut, Weiße Flotte, Hotel Vier Jahreszeiten, Gasthaus zum Wilden Stier; Aachener Zeitung, Leipziger Neueste Nachrichten, Süddeutsche Zeitung*
- inoffizielle Eigennamen, Kurzformen sowie Abkürzungen von Eigennamen: *Dritte Welt, Schwarzer Kontinent, Ferner Osten; SPD* (= *Sozialdemokratische Partei Deutschlands*), *EU* (= *Europäische Union*), *MDR* (= *Mitteldeutscher Rundfunk*)

Hier jeweils nachzuschauen ist recht umständlich. So wird gelegentlich empfohlen, auf Eigennamenkriterien aus der philosophischen Logik zurückzugreifen, um mehrteilige Eigennamen von anderen mehrteiligen festen Wendungen zu unterscheiden. Das ist umstritten, hilft aber in der alltäglichen Schreibpraxis durchaus. Danach zeichnet sich ein Eigenname durch mehrere Eigenschaften aus, vor allem aber durch zwei, die in jedem Fall stets b e i d e erfüllt sein müssen:

- das «Highlander-Kriterium»: Es kann nur einen geben
- das «Baptisterium»: Ein Taufakt ist zu unterstellen

Das «Highlander-Kriterium» besagt: Eigennamen werden nur bestimmten ausgesuchten Einzelgegenständen gegeben, etwa einem bestimmten Gebirge: *Hohe Tatra*, einem bestimmten Tier: *Rin Tin Tin*, einem bestimmten Land: *Heiliges Römisches Reich Deutscher Nation* (bzw. *Sacrum Romanum Imperium Nationis Germanicae*), einem bestimmten Menschen: *Karl der Kahle* usw. Gattungsbegriffe und Abstrakta können daher nicht zu den mehrteiligen Eigennamen gehören. Denn Gattungsbegriffe gelten nicht für ein einzelnes Exemplar der Gattung, sondern für alle. So ist etwa *schwarzes Brett* kein Eigenname. Denn es benennt keinen einzelnen Gegenstand. Vielmehr bezeichnet *schwarzes Brett* eine ganze Gattung. Alle schwarzen Bretter fallen unter diese Bezeichnung. Auch Abstrakta, z. B. *schwarze Magie*, sind grundsätzlich keine konkreten Einzeldinge, die Eigennamen tragen können.

Das «Baptisterium» besagt: Alles, was einen Eigennamen trägt, muss getauft, muss als Individuum mit einem Namen belegt worden sein. Es geht um die Frage: I s t dieser Gegenstand lediglich ein x oder h e i ß t er x? Dieses Kriterium hilft in solchen Fällen zwischen Eigennamen und allgemeinen Gattungsbegriffen zu unterscheiden, in denen ein Gattungsbegriff gleichzeitig als Eigenname verwendet wird. Das ist natürlich immer möglich. Niemand wird mir verwehren können, meinen Hund *Hund* zu nennen statt wie üblich *Bello* oder *Lumpi*. Sehr häufig ist eine solche Namensgebung bei Institutionen: *Lehrstuhl für Neuere Deutsche Literaturgeschichte*, *Städtische Krankenanstalten*, *Deutsche Physikalische Gesellschaft* usw. So i s t hier etwa der *Lehrstuhl für Neuere Deutsche Literaturgeschichte* (Eigenname) nicht nur ein Lehrstuhl für neuere deutsche Literaturgeschichte (Gattungsbegriff), sondern er h e i ß t auch so, ist quasi so g e t a u f t. Ob ein Gegenstand etwas i s t (Gattungsbegriff) oder so h e i ß t (Eigenname), davon hängt auch die unterschiedliche Groß- und Kleinschreibung im Satz zuvor oder in Sätzen wie diesen ab: *Die Städtischen Krankenanstalten sind nicht die einzigen städtischen Krankenanstalten in unserer Stadt. Der Große Teich* (= Spitzname für den Atlantischen Ozean) *ist eigentlich gar kein großer Teich.*

Zu 2.: Mehrteilige Wortgruppen, die nach den beschriebenen Kriterien eindeutig keine mehrteiligen Eigennamen sind, in denen man aber gleichwohl **neben den substantivischen Teilen auch die Adjektive großschreibt**, werden nicht im engeren Sinne über eine Regelung erfasst, sondern schlicht aufgelistet. Es sind dies:

- Titel, Ehrenbezeichnungen, bestimmte Funktionsbezeichnungen: *der Heilige Vater, die Königliche Hoheit, der Erste Vorsitzende, der Regierende Bürgermeister, der Technische Direktor, der Kaufmännische Direktor*
- besondere Kalendertage: *der Heilige Abend, der Weiße Sonntag, der Internationale Frauentag, der Erste Mai, der Tag der Deutschen Einheit*
- bestimmte historische Ereignisse und Epochen: *der Westfälische Friede, der Deutsch-Französische Krieg 1870/1871, der Zweite Weltkrieg, die Goldenen Zwanziger, die Jüngere Steinzeit, der Kalte Krieg*

Zu beachten ist für den ersten Punkt, dass in schlichten Berufsbezeichnungen die Adjektive kleingeschrieben werden: *technischer Zeichner, wissenschaftlicher Mitarbeiter, leitender Angestellter* usw. Daher sind der *technische/Technische* und der *kaufmännische/Kaufmännische Direktor* problematisch. Titel oder Berufsbezeichnung? In der offiziellen Regelung ist der *Technische Direktor* als Beispiel für die Großschreibung aufgeführt. Duden, Bd. 9, Richtiges und gutes Deutsch, will den *kaufmännischen Direktor* mit kleingeschriebenem Adjektiv sehen, gestattet allerdings, es großzuschreiben, wenn die Fügung nicht im fortlaufenden Text, sondern – z. B. im Briefkopf oder auf der Visitenkarte – allein beim Namen steht. Fachsprachliche Bezeichnungen bestimmter Klassifizierungseinheiten, so in Botanik und Zoologie (das *Fleißige Lieschen*, der *Rote Milan*), werden offiziell neuerdings nur noch als Besonderheit aufgeführt (siehe unten).

Zu 3.: In festen Verbindungen aus Adjektiv und Substantiv, die weder Eigennamen sind noch zu einer der unter 2. genannten Gruppen gehören, schreibt man die **Adjektive normalerweise klein**: *der italienische Salat, der blaue Brief, das neue Jahr, die goldene Hochzeit, die rote Karte, das gelbe Trikot, die neuen Medien, der schnelle Brüter, das schwarze Brett, der schwarze Peter, die schwarze Magie, die graue Eminenz, der graue Star, die neuen Bundesländer, die neue Linke, die kalte Ente, die sieben Weltwunder, der weiße Tod* usw.

In manchen fachsprachlichen Zusammenhängen werden Adjektive, die mit Substantiven zusammen für eine begriffliche Einheit stehen, großgeschrieben (wobei die Kleinschreibung außerhalb der Fachsprache aber der Normalfall bleibt): *Roter Milan, Gelbe Karte, Goldener Schnitt, Kleine Anfrage* usw.

Anmerkung: Auch die Presseagenturen schreiben in etlichen Verbindungen aus Adjektiv und Substantiv das Adjektiv groß, obwohl es normalerweise kleinzuschreiben ist: *Aktuelle Stunde, das Schwarze Brett, die Sieben Weltwunder* u. v. m.

6. Augenfarbe: blau, sich auf Französisch unterhalten

Groß- oder Kleinschreibung von Farb- und Sprachenadjektiven

Bei Farb- und Sprachenadjektiven können bisweilen Zweifel aufkommen, ob sie klein- oder großgeschrieben werden sollen. Das liegt daran, dass sie sehr häufig endungslos vorkommen und ohne Artikel, Pronomen oder sonstige Begleiter als Hinweise auf eine Substantivierung. So lässt sich bei *ins Blaue hinein* noch leicht auf Großschreibung schließen. Denn hier gibt der Artikel *das* (*ins* = in das) den entscheidenden Hinweis auf eine substantivische Verwendung des Farbadjektivs. Wie sieht es aber aus in Fällen wie: *Ihre Augenfarbe war blau/Blau und sie trug auch eine Brille in blau/Blau*? Hier kommt es darauf an, wie man das Farbadjektiv sinnvollerweise erfragt. Fragt man *wie?*, folgt Kleinschreibung. Fragt man *was?/ wessen?/wem?*, folgt Großschreibung. W i e war ihre Augenfarbe? *Ihre Augenfarbe war blau.* Also schreibt man *blau* im ersten Fall klein. Eine Brille in w a s (in was für einer Farbe) trug sie? *Sie trug eine Brille in (der Farbe) Blau.* Also schreibt man im zweiten Fall *Blau* groß.

Wenn ein Farbadjektiv substantivisch eingesetzt wird, muss es auch wie jedes gängige Substantiv ein dekliniertes Adjektivattribut binden können. Auch dies kann man als Test der Substantivierung nutzen: **Ihre Augenfarbe war schönes blau*. Nein, das geht nicht, es müsste heißen: *Ihre Augenfarbe war schön blau*. Hier ist *schön* undekliniert als Adverb eingesetzt. Also kann *blau* nicht substantivisch verwendet sein und wird kleingeschrieben. Aber: *Sie trug eine Brille in schönem Blau*. Das klappt. Hier ist *schönem* als dekliniertes Adjektiv eingesetzt. Also wird *Blau* substantivisch verwendet und großgeschrieben.

Zu ermitteln, ob man mit *wie?* oder mit *was?/wessen?/wem?* fragt und ob man das Adjektiv durch ein dekliniertes Adjektivattribut erweitern kann oder nicht, hilft in gleicher Weise bei der Frage nach der Substantivierung von Sprachenadjektiven: *Die Entführer unterhielten sich französisch mit den Touristen, die Französisch auf der Schule gelernt hatten*. Denn: W i e unterhielten sich die Entführer? W a s hatten die Touristen auf der Schule gelernt? Und: *Sie unterhielten sich passabel* (undekliniert) *französisch*. Aber: *Sie hatten ein passables* (dekliniert) *Französisch gelernt*.

Anmerkung: Manchmal ist sowohl Groß- als auch Kleinschreibung möglich: *Sie sprachen* (passabel) *französisch* (wie?) *miteinander. / Sie sprachen* (passables) *Französisch* (was?) *miteinander.*

7. Mitarbeiter/-innen oder Mitarbeiter(innen)

Movierung

Um sexistische Diskriminierungen in der Sprache zu vermeiden, werden Titel, Berufs-, Funktionsbezeichnungen u. a. häufig nicht im generischen Maskulinum aufgeführt, sondern in einer weiblichen Form: *Professorin Dr. Martha Lisum*, *der Titel einer Magistra Artium* u. a. Werden größere Gruppen angesprochen, wird diese Movierung auch auf den Plural ausgedehnt: *Mitarbeiter und Mitarbeiterinnen*, *Schüler und Schülerinnen* usw. Da die Doppelnennung oft als umständlich und steif erscheint, greift man zu Abkürzungen. Hier kommen zwei Varianten in Frage. Zum einen kann man mit Schrägstrich plus Auslassungsstrich abkürzen: *Schüler/-innen*, *Mitarbeiter/-innen*, *Hundezüchter/-innen* usw. Das funktioniert nicht immer, bisweilen muss man auf die zweite Variante, die Klammerschreibweise ausweichen: *die Klient(inn)en*, *die Kund(inn)en*, *die*

Student(inn)en, *die Vandal(inn)en* usw. In einigen Fällen hilft aber auch das nichts und man kommt um die ausführliche Version nicht herum: *der/die Arzt/Ärztin*, *der/die Kunde/Kundin*, *der/die Vandale/Vandalin*, *die Chefs/Chefinnen* usw.

Die Schreibung mit großem *I* im Wortinnern – z. B. **AbsolventInnen* – entspricht nicht den offiziellen Rechtschreibregeln.

Anmerkung: Allerdings sollte man sich nichts vormachen; eine durchgehende grammatische Gleichbehandlung von Männern und Frauen stößt auf grundsätzliche Schwierigkeiten. So gelingen etwa Rückbezüge nicht ganz befriedigend: *Man konnte drei Wanderer ausmachen. Eine/Einer davon war eine Frau mittleren Alters.* Oder: *Ilse Aichinger war die erste österreichische Autorin, die diesen bedeutenden Preis erhielt.* Unklar bleibt: War sie die erste der Autorinnen oder die erste der Autorinnen und Autoren?

Immerhin hatten die Abgeordneten des NRW-Landtages 1990, als dieses Thema noch heißer war, ihr Treuegelöbnis schon gegen *jedermensch* abzugeben. (Und *jefrau* und *niefrau*?)

Und wie sieht es mit der grammatischen Konsequenz bei Ableitungen aus: *göttinlich*, *teuflinisch*, *freundinlich*, *kämpferinisch* bzw. *frauscheln*, *überfrauen* oder gar *entfrauen*?

Aber: Wäre dann das *-in* nicht selbst schon diskriminierend – als ein Anhängsel (und nahezu albern bei der real existierenden *Amtmännin*)?

Gelegentlich wird versucht, das Problem der Umständlichkeit zu umgehen statt zu lösen – durch «geschlechtsbereinigte» Ausdrücke, etwa *Studierende* statt *Student(inn)en*, *Fachkraft* statt *Fachmann/Fachfrau*. Aber akzeptierte man gleichermaßen ein *fachkräftisches* Urteil?

Und was wird aus *Sandmännchen*, *Hampelmann*, *Biedermann*, *Spitzbube* oder *Hanswurst*? Will *man/frau* sich dann konsequenterweise auch von einem *Sandweibchen* Sand in die Augen streuen, sich von irgendwelchen *Biederfrauen* und *Spitzschlampen* zur *Hampelfrau* respektive zur *Johannawurst* machen lassen?

Mit anderen Worten: Konsequenz ist hier sprachpraktisch nicht möglich.

Sehr hübsch ist übrigens der immer wieder gemachte Fehler **die Mitglieder/-innen*. Da ist man dann – voll des guten Willens – übers Ziel hinausgeschossen. Hier reicht: *die Mitglieder*, da dieses Wort ja ein Neutrum ist: *das Mitglied*, also einer Movierung nicht bedarf.

8. Einkommenssteuer/Einkommensteuer

Fugen-*s*

Bei Wortzusammensetzungen und -ableitungen taucht an der Verbindungsstelle oft ein Fugen-*[e]s* auf: *Verbindungsstelle*, *Volkslauf*, *Hundstage*, *Siegeszug*, *Armutszeugnis*, *jünglingshaft* u.a. Seinen Ursprung hat das Fugen-*s* in einem erstarrten Genitiv. So ist *Siegeszug* interpretierbar als: *Zug des Sieges*, *Volkslauf* als *Lauf des Volk[e]s*. Allerdings verdanken sich viele Fugen-*s*-Konstruktionen schlicht Analogiebildungen, das heißt, es wird ein Fugen-*s* oft auch da eingesetzt, wo das Substantiv den Genitiv gar nicht auf -*s* bildet: *Verbindungsstelle*, *Armutszeugnis* trotz *Stelle der Verbindung*, *Zeugnis der Armut*.

Wann ein Fugen-*s* zu setzen ist und wann nicht, lässt sich nicht als allgemein gültige Regel formulieren. Über die Üblichkeiten informieren die einschlägigen Wörterbücher. Gelegentlich schwankt auch der Gebrauch: *Schadenersatz/Schadensersatz*, *Einkommensteuer/Einkommenssteuer* u. a.

Für bestimmte Arten von Zusammensetzungen lassen sich jedoch Faustregeln angeben:

Zusammensetzungen mit Fugen-*s*

Ein Fugen-*s* wird meist (!) verwendet in Zusammensetzungen mit

- den Bestimmungswörtern *Armut*, *Bahnhof*, *Bischof*, *Friedhof*, *Geschichte*, *Hilfe*, *Leumund*, *Liebe*, *Maulwurf*, *Armutszeugnis*, *Bahnhofshalle*, *Liebesgabe*, *Hilfsarbeiter*, *Geschichtsbuch*; Ausnahmen z.B.: *hilflos*, *hilfreich*, *liebebedürftig*, *liebeleer*, *liebevoll*, *lieblos*, *liebreich*, *Liebreiz*, *Geschichtenerzähler*, *Geschichtenmacher* (mit -*en*-, wenn *Geschichte* in der Bedeutung von «Erzählung», «Extratour» verwendet wird)
- einer Verbableitung auf -*en* als Bestimmungswort: *anerkennenswert*, *lesenswert*, *Schlafenszeit*
- substantivischen femininen Bestimmungswörtern, die über das Suffix -*t* von Partikelverben zu Substantiven geworden sind: *Abfahrtszeit*, *Ansichtskarte*, *Vorsichtsmaßnahme*; Ausnahmen etwa *Abfahrt[s]gleis* u. v. a. (Unter Partikelverben versteht man Verben, die mit präpositionalen Einheiten und anderen Partikeln begin-

nen und bei denen diese Einheiten auch die Betonung tragen. So sind *ausgleichen* und *umfahren* (= über den Haufen fahren) solche Partikelverben, da die Betonung auf *aus-* bzw. *um-* liegt. Dagegen gehören *durchleiden* und *umfahren* (= um etwas herumfahren) nicht zu dieser Gruppe, da die Betonung jeweils auf dem Verbstamm liegt.)

- Bestimmungswörtern auf die Suffixe *-tum*, *-ing*, *-ling*, *-heit*, *-keit*, *-schaft*, *-ung*, *-ion*, *-tät*, *-sal*, *-at*, *-um*: *Eigentumsvorbehalt*, *Frühlingserwachen*, *Wahrheitsfanatiker*, *Heiterkeitserfolg*, *Botschaftsmitarbeiter*, *hoffnungsvoll*, *portionsweise* (Ausnahmen sind die Zusammensetzungen mit *Kommunion-*), *Majestätsbeleidigung*, *Notariatsangestellte*, *museumsreif* (Achtung: Es geht hier nur um Suffixe, nicht um die bloße Buchstabenfolge; daher gehören Wörter wie *Ion*, *Million*, *Prion*, *Tat*, *Pirat*, *Baum*, *Rum* usw. nicht in diese Gruppe und können durchaus ohne Fugen-*s* mit anderen Wörtern verbunden sein: *Ionenaustauscher*, *Tatmensch*, *Piratenbraut*, *Rumtopf* usw.)

Zusammensetzungen ohne Fugen-*s*

Es wird meist (!) kein Fugen-*s* verwendet in Zusammensetzungen mit

- einsilbigen femininen Bestimmungswörtern: *Nahtstelle*, *Prachtkerl*, *Nachtwächter*, *Jagdhund*, *Spurbreite*, *spurlos* (es können aber andere Fugenzeichen auftreten, z. B.: *Fahrtenmesser*, *Spurenelement*)
- zweisilbigen femininen Bestimmungswörtern auf *-e*: *Kältebrücke*, *säurefest*, *mühelos* (oft treten aber andere Fugenzeichen auf, etwa das Fugen-*n*: *Beulenpest*, *Größenwahn*, *eulenhaft*)
- femininen Bestimmungswörtern auf die Suffixe *-ur* und *-ik*: *Literaturgeschichte*, *Naturschutz*, *Mathematikbuch*, *kritiklos* (oft treten aber andere Fugenzeichen auf, etwa das Fugen-*n*: *Armaturenbrett*, *Figurentheater*)
- Bestimmungswörtern auf die Suffixe *-er* und *-el*: *Malermeister*, *Marterpfahl*, *Hobelspäne*, *Schnabeltasse*, *knüppeldick*, *rappelvoll*, *windelweich* (Ausnahmen z. B.: Altertümliches wie *Reiters-/Wandersmann* und Zusammensetzungen mit *Henker*: *Henkersmahlzeit*)
- Bestimmungswörtern auf *-sch*, *-[t]z*, *-s*, *-ß*, *-st*: *Fischsuppe*, *tischfertig*, *Platzhirsch*, *blitzschnell*, *Losglück*, *Maßanzug*, *Wurstware*

Einige Besonderheiten

Schauen wir uns noch einige Besonderheiten bei der Verwendung des Fugen-*s* an:

- Zusammensetzungen mit *-steuer* als Grundwort
Die Steuerbehörden haben für ihren Verwendungsbereich in folgenden Zusammensetzungen das Fugen-*s* abgeschafft: *Einkommen-*, *Grunderwerb-*, *Körperschaft-*, *Vermögen-*, *Versicherungsteuer* u. a. Allgemein üblicher ist hier aber der Gebrauch des Fugen-*s*: *Einkommenssteuer*, *Vermögenssteuer* usw.
- Zusammensetzungen mit *-straße* als Grundwort
Nach oben Ausgeführtem wäre in die folgenden Zusammensetzungen mit *-straße* eigentlich jeweils ein Fugen-*s* einzusetzen; wegen des *s*-Anlautes von *-straße* lässt sich aber auch die Schreibung ohne Fugen-*s* vertreten: *Bahnhof[s]straße*, *Freiheit[s]straße.*
- Zusammensetzungen aus Substantiv und Partizip
Hier wird das Fugen-*s* häufig ausgelassen, was wohl auch damit zusammenhängt, dass das zu Grunde liegende Verb ein Akkusativobjekt regiert. *Wen stillt x? Das Blut.* Also: *blutstillend*, ebenso: *verfassunggebend*, *herzerquickend*; *Vertragschließender*, *Gewerbetreibender* (Ausnahmen z. B.: *kriegsentscheidend*, *staatserhaltend*).
- Zusammensetzungen aus mehr als zwei Bestandteilen
Nicht sehr regelmäßig, aber doch häufig wird in mehrteiligen Zusammensetzungen in die Hauptfuge ein Fugen-*s* gesetzt, auch wenn in einer zweiteiligen Zusammensetzung kein Fugen-*s* stünde: *Friedhofstor*, aber: *Hoftor*, *Mitternachtsstunde*, aber: *Nachtstunde.* Stets ohne Fugen-*s* aber: *Fußballschuhe*, *Kindbettfieber* u. a.
- Bindestrich
Einen Bindestrich setzt man bei Zusammensetzungen mit Fugen-*s* gewöhnlich nicht. Man setzt ihn jedoch, wenn es gilt, Missverständnisse zu vermeiden: *Preis-Leistungs-Verhältnis*, oder wenn die Zusammensetzung eine Abkürzung enthält: *Entsorgungs-AG*, *Überzeugungs-FKKler*. Wenn man unbedingt will, kann man den Bindestrich auch der Übersichtlichkeit wegen setzen: *Heimstättensanierungs-Projektgruppe.*

Anmerkung: Einerseits ist das Ob oder Ob-nicht des Fugen-*s* eine recht komplexe Angelegenheit, und vielfach geht es mit genauso wie ohne. Andererseits zeigt die Erfahrung, dass meist dann Unsicherheit über die Verwendung des Fugen-*s* herrscht, wenn man es sowohl setzen als auch weglassen kann – also man ohnehin nichts falsch machen würde, egal, wie man sich nun entschiede. Die hohe Trefferwahrscheinlichkeit scheint nahe zu legen, dass man sich hier oft zu viele Gedanken macht.

9. Am Freitag, dem 13. August 2004[,] um 20.13 Uhr trat die Junta geschlossen zurück / Am Freitag, den 13. August 2004 um 20.13 Uhr trat die Junta geschlossen zurück

Datumsangabe

Vorab: Sowohl *am Freitag, dem 13. August 2004* als auch *am Freitag, den 13. August 2004* ist korrekt. Allerdings unterscheidet sich die Zeichensetzung bei den Varianten.

Werden die Glieder einer zweigliedrigen Zeitangabe aus Wochentag/Datum und Uhrzeit jeweils mit einer Präposition eingeleitet oder auch nur das zweite Glied, wird kein Komma gesetzt: *Die Aufnahmeleiterin hatte am 15. Mai 2004 um 14.37 Uhr diesen folgenschweren Nervenzusammenbruch erlitten. Unser Unternehmen wird [am] Donnerstag ab 12 Uhr diese Consulting-Leistung anbieten.*

Wird das zweite Glied ohne Präposition angeschlossen, ist zwischen Wochentag/Datum und Uhrzeit ein Komma zu setzen. Hinter der Uhrzeit ist es freigestellt: *Nächsten Freitag, 16.30 Uhr[,] ist meine Leidenszeit endgültig vorüber.*

Bei zweigliedrigen Zeitangaben aus Wochentag und Datum, die beide im Akkusativ stehen, ist das Komma nach dem Datum freigestellt: *Letzten Sonntag, den 29. Februar 2004[,] hatte ein sehr guter Freund Geburtstag. Übernächsten Freitag, den 13.5.2005[,] beginnt das schöne Leben.*

Bei zweigliedrigen Zeitangaben aus Wochentag und Datum, die beide im Dativ, Genitiv oder Nominativ stehen, wird das Datum meist in das paarige Komma eingeschlossen: *Am Dienstag, dem 30. September 2003, wurde dieses legendäre Champions-League-Spiel geboten. Dieser Dienstag, der 30.9.2003, hatte es in sich. Die Folgen dieses Dienstages, des 30.9.2003, sind noch nicht abzusehen.*

Allerdings kann auch hier das Komma hinter dem Datum entfallen: *Am Dienstag, dem 30. September 2003[,] wurde dieses legendäre Champions-League-Spiel geboten. Dieser Dienstag, der 30.9.2003[,] hatte es in sich. Die Folgen dieses Dienstages, des 30.9.2003[,] sind noch nicht abzusehen.*

Bei zweigliedrigen Zeitangaben, bei denen einem Wochentag im Dativ ein Datum im Akkusativ angeschlossen wird, steht kein Komma hinter dem Datum: *Die Zahlung sollte bis zum Dienstag, den 13. Juli auf unserem Konto eingegangen sein.*

Bei dreigliedrigen Zeitangaben aus Wochentag, Datum und Uhrzeit kann auch nach der Uhrzeit ein Komma gesetzt werden: *Am Mittwoch, dem 23.10.1929, um 10.00 Uhr[,] ahnten noch nicht alle Börsianer Böses. Am Donnerstag, den 24.10.1929[,] um 9.30 Uhr[,] schwante wenigen einiges.*

Übrigens wird die reine Datumsangabe nach DIN 5008 üblicherweise wie folgt wiedergegeben: *4. August 2005*, *4. Aug. 2005*, *04.08.2005* oder *04.08.05*. Nach den Empfehlungen der International Organization for Standardization (ISO) wird in der Reihenfolge Jahr, Monat, Tag durch Mittestrich gegliedert: *2004-08-05* oder *04-08-05*.

Soll im Brief noch der Ort zum Datum treten, sind folgende Formen üblich: *Stendal, 10. Februar 2005* oder *Stendal, 10. Febr. 2005* oder *Stendal, 10.02.2005* oder *Stendal, am 10.02.05* oder *Stendal, im Februar 2005*.

Bei der internationalen Datumsangabe wird meist kein Ort angegeben: *2000-07-19*.

Anmerkung: Wir empfehlen, auf jeden Fall das Datum in das paarige Komma zu setzen, wenn Wochentag und Datum im gleichen Fall stehen: *Bis zum Donnerstag, dem 24. März 2005, sollten Sie sich noch neutral verhalten*. Die internationalen Datumsangaben sind in Deutschland kaum üblich.

10. Und dann gab's da noch die Schleiflackfabrik: Als/als skurriles Industriedenkmal aus einer Zeit, in der Technik noch nachvollziehbar war, durchaus schützenswert

Groß- oder Kleinschreibung nach Doppelpunkt

Ob verwahrloste Hunde oder verstörte Papageien oder was auch immer nach dem Doppelpunkt erscheint – für die Groß- oder Kleinschreibung spielt es keine Rolle, *was* hinter dem Doppelpunkt auftaucht, entscheidend ist, *wie* es auftaucht.

So sagt etwa die offizielle Regelung dazu: «Wird die nach dem Doppelpunkt folgende Ausführung als Ganzsatz verstanden, so schreibt man das erste Wort groß.»

Nur: Was kann man als Ganzsatz verstehen? Was nicht? Unproblematisch sind Beispiele wie: *Die Hausordnung besagt: Fahrräder dürfen nicht im Hausflur abgestellt werden. Und dann kam das Beste: Der Kerl war auch noch von seiner einsamen Klasse überzeugt.*

Genauso unproblematisch: *Wir nehmen in Pension: verwahrloste Hunde, Pferde im Gnadenbrot, streunende Katzen, verstörte Papageien u. v. m. Bitte beachten Sie: die Anschläge in der Eingangshalle, die ausliegenden Handzettel, die Lautsprecherdurchsagen und die Auskünfte der Bahnbediensteten.*

Auch wenn nach dem Doppelpunkt ein Nebensatz steht, ist klar: Ein Nebensatz ist immer von einem Hauptsatz abhängig, kann also allein kein Ganzsatz sein. Daher: *Wir werden Sie, Herr Dr. Weise, bestimmt nicht einstellen: weil wir nur fähiges Personal einstellen, weil uns Ihre Eskapaden bei der Busch AG durchaus bekannt sind, weil wir keinen weiteren Mitarbeiter benötigen.* Aber: *Wir werden Sie, Herr Dr. Weise, bestimmt nicht einstellen: Denn wir stellen nur fähiges Personal ein, uns sind Ihre Eskapaden bei der Busch AG durchaus bekannt, wir benötigen keinen weiteren Mitarbeiter.* In seltenen Fällen kann es natürlich sein, dass nach einem Doppelpunkt ein Nebensatz groß beginnt, weil es sich um einen verkürzten Ganzsatz handelt: *So haben wir überhaupt keine Rücklagen mehr: Wenn das mal gut geht …*

Wie sieht es aber mit Fällen aus wie diesen: *Und dann gab's da noch die Schleiflackfabrik: Als/als skurriles Industriedenkmal aus einer Zeit, in der Technik noch nachvollziehbar war, durchaus schüt-*

zenswert. Oder: *Trinken Sie ruhig noch einen Kognak: Wenn's/wenn's hilft*. Wie fasst man hier das auf, was nach dem Doppelpunkt steht? Im ersten Fall könnte man es z. B. als Apposition verstehen: *Und dann gab's da noch die Schleiflackfabrik, als skurriles Industriedenkmal aus einer Zeit, in der Technik noch nachvollziehbar war, durchaus schützenswert*. Dann wäre nach dem Doppelpunkt kleinzuschreiben. Man kann den Teil nach dem Doppelpunkt aber auch als verkürzten Satz auffassen: *Und dann gab's da noch die Schleiflackfabrik. Als skurriles Industriedenkmal aus einer Zeit, in der Technik noch nachvollziehbar war, [war sie] durchaus schützenswert*. In diesem Fall wäre großzuschreiben. Da hier beide Auffassungen zu vertreten sind, ist sowohl Groß- als auch Kleinschreibung möglich. Das gilt auch für das zweite Beispiel: *Trinken Sie ruhig noch einen Kognak: wenn's hilft* wegen: *Trinken Sie ruhig noch einen Kognak, wenn's hilft*. Aber auch möglich: *Trinken Sie ruhig noch einen Kognak: Wenn's hilft* wegen: *Trinken Sie ruhig noch einen Kognak. Wenn's hilft[, kann man nichts dagegen einwenden]*.

So etwas kommt im Schreiballtag häufiger vor. Da hilft es oft, sich zu überlegen, wie man das Ganze mit genau den gleichen Wörtern schreiben würde, wenn der Doppelpunkt verboten wäre. Müsste man dann ein Satzbinnenzeichen setzen, das heißt ein Komma oder einen Gedankenstrich? Wenn ja, wäre nach dem Doppelpunkt kleinzuschreiben. Oder wäre ein Satzschlusszeichen verlangt, das heißt ein Punkt, ein Fragezeichen oder ein Ausrufezeichen? Dann wäre nach dem Doppelpunkt großzuschreiben. Es ist gar nicht selten, dass beides geht.

11. Hotelzimmer mit fiesem, abstoßendem Ungeziefer

Starke oder schwache Deklination bei aufeinander folgenden Adjektiven

Ob es nun *mit fiesem, abstoßendem Ungeziefer* heißt oder *mit fiesem, abstoßenden Ungeziefer*, hat damit zu tun, wann man ein Adjektiv stark, wann man es schwach und wann man es gemischt dekliniert: Was heißt das?

Wenn ein Adjektiv Attribut eines Substantivs ist, nimmt es den gleichen Kasus, den gleichen Numerus und das gleiche Genus an wie das Substantiv, auf das es sich bezieht. Wie dann die Formen des Adjektivs genau aussehen, hängt davon ab, ob das Adjektiv in Begleitung eines Artikels oder Pronomens vor dem Substantiv steht oder nicht.

Ist es unbegleitet, kommt dem Adjektiv (aufgrund der geringen Kasusdifferenzierung des Substantivs) die Aufgabe zu, den Kasus anzuzeigen: Es wird stark dekliniert.

Starke Deklination

	Maskulinum	Femininum	Neutrum
	Singular		
Nominativ	*französischer Wein*	*liebe Not*	*fieses Kerbtier*
Genitiv	*französischen Wein[e]s*	*lieber Not*	*fiesen Kerbtier[e]s*
Dativ	*französischem Wein*	*lieber Not*	*fiesem Kerbtier*
Akkusativ	*französischen Wein*	*liebe Not*	*fieses Kerbtier*
	Plural		
Nominativ	*französische Weine*	*liebe Nöte*	*fiese Kerbtiere*
Genitiv	*französischer Weine*	*lieber Nöte*	*fieser Kerbtiere*
Dativ	*französischen Weinen*	*lieben Nöten*	*fiesen Kerbtieren*
Akkusativ	*französische Weine*	*liebe Nöte*	*fiese Kerbtiere*

Wenn das Adjektiv vom bestimmten Artikel oder einem Pronomen mit Endung begleitet wird, so übernehmen Letztere die Aufgabe, die Kasus zu unterscheiden, und das Adjektiv wird (nur) schwach dekliniert.

Schwache Deklination

	Maskulinum	Femininum	Neutrum
	Singular		
Nominativ	*der französische Wein*	*die liebe Not*	*das fiese Kerbtier*
Genitiv	*des französischen Wein[e]s*	*der lieben Not*	*des fiesen Kerbtier[e]s*
Dativ	*dem französischen Wein*	*der lieben Not*	*dem fiesen Kerbtier*
Akkusativ	*den französischen Wein*	*die liebe Not*	*das fiese Kerbtier*
	Plural		
Nominativ	*die französischen Weine*	*die lieben Nöte*	*die fiesen Kerbtiere*
Genitiv	*der französischen Weine*	*der lieben Nöte*	*der fiesen Kerbtiere*
Dativ	*den französischen Weinen*	*den lieben Nöten*	*den fiesen Kerbtieren*
Akkusativ	*die französischen Weine*	*die lieben Nöte*	*die fiesen Kerbtiere*

Der unbestimmte Artikel und eine Reihe von Pronomen (*kein*, *mein*, *unser* etc.) sind im Nominativ Singular Maskulinum und Neutrum sowie im Akkusativ Singular Neutrum endungslos. Daher übernimmt in diesen Kasus das Adjektiv die Kasusbestimmung und es entsteht eine gemischte Deklination.

Gemischte Deklination

	Maskulinum	Femininum	Neutrum
	Singular		
Nominativ	*sein französischer Wein*	*seine liebe Not*	*sein fieses Kerbtier*
Genitiv	*seines französischen Wein[e]s*	*seiner lieben Not*	*seines fiesen Kerbtier[e]s*
Dativ	*seinem französischen Wein*	*seiner lieben Not*	*seinem fiesen Kerbtier*
Akkusativ	*seinen französischen Wein*	*seine liebe Not*	*sein fieses Kerbtier*
	Plural		
Nominativ	*seine französischen Weine*	*seine lieben Nöte*	*seine fiesen Kerbtiere*
Genitiv	*seiner französischen Weine*	*seiner lieben Nöte*	*seiner fiesen Kerbtiere*
Dativ	*seinen französischen Weinen*	*seinen lieben Nöten*	*seinen fiesen Kerbtieren*
Akkusativ	*seine französischen Weine*	*seine lieben Nöte*	*seine fiesen Kerbtiere*

Wird ein Substantiv durch zwei oder mehrere Adjektive oder Partizipien bestimmt, ohne dass ein Artikel oder Pronomen vorangeht, werden diese Adjektive parallel gebeugt: *mit fiesem, abstoßendem Ungeziefer; dummem, ungehobeltem Geschwätz*. Und das, obwohl mit dem ersten Adjektiv der Kasus ja schon hinreichend bestimmt wäre. Dabei spielt es keine Rolle, ob zwischen den Adjektiven ein Komma gesetzt ist oder nicht, also auch: *von herrlichem französischem Käse, herzhaftem altem Gouda.*

Anmerkung: Im Dativ Singular findet sich gelegentlich noch die schwache Deklination des zweiten Adjektivs: *mit fiesem, abstoßenden Ungeziefer, von herrlichem französischen Käse*.

12. Auszahlung am 15. jedes/jeden Monats, also auch am 15. dieses Monats

Starke oder schwache Deklination der Pronomen *dieser, diese, dieses* und *jeder, jede, jedes*

Zunächst das Einfache: Man beugt das Demonstrativpronomen *dieser*, *diese*, *dieses* stets stark. Daher heißt es im Genitiv Singular auch auf keinen Fall: **mit einem Automobil diesen Typs*, **zu Beginn diesen Monats* oder **der November diesen Jahres*. Richtig ist allein: *mit einem Automobil dieses Typs*, *zu Beginn dieses Monats*, *der November dieses Jahres.*

Etwas komplizierter sieht die Sache beim Pronomen *jeder*, *jede*, *jedes* aus. Steht es im Genitiv Singular vor einem maskulinen oder neutralen Substantiv, das stark gebeugt wird, sind drei Fälle zu unterscheiden:

- Das Pronomen steht allein vor dem Substantiv.
  Dann wird sowohl die starke Endung *-es* wie auch die schwache *-en* akzeptiert: *mit einem Automobil jedes/jeden Typs*, *zu Beginn jedes/jeden Monats*, *der November jedes/jeden Jahres*
- Das Pronomen wird zusammen mit dem unbestimmten Artikel eingesetzt.
  Dann wird das Pronomen stets schwach gebeugt: *mit einem Automobil eines jeden Typs*, *zu Beginn eines jeden Monats*, *der November eines jeden Jahres*
- Das Pronomen wird ohne Artikel, aber zusammen mit einem ihm folgenden Adjektiv verwendet.
  Dann wird das Pronomen stets stark gebeugt: *mit einem Automobil jedes beliebigen Typs*, *zu Beginn jedes neuen Monats*, *der November jedes olympischen Jahres*

13. Gelegenheit zum Kennenlernen

Getrennt- oder Zusammen-, Groß- oder Kleinschreibung und Bindestrich bei (erweiterten) substantivierten Infinitiven

Die Schreibung von Infinitiven ist manchmal zum *Aus-der-Haut-Fahren*. Die meisten Grammatiker zählen Infinitive zu den Formen des Verbs. Daher schreibt man sie in der Regel klein: *Ich muss nach Hause gehen. Von der Möglichkeit, von diesem kuriosen Vertrag zurückzutreten, machen Sie bitte ausdrücklich Gebrauch. Schnell noch mal die Gläubiger prellen und dann ab durch die Mitte, das scheint uns auch nicht gerade gentlemanlike.* Infinitive fungieren häufig als Ergänzungen (Subjekt oder Objekt) oder Angaben (Umstandsbestimmung, adverbiale Bestimmung). Dabei können sie auch wie ein Substantiv, das heißt substantiviert, verwendet werden. Dann schreibt man sie groß: *Das Gehen fällt mir schwer. Vorsicht beim Zurücktreten! Das Prellen von Zechen aller Art war schon immer ihre Spezialität.*

Unklar ist allerdings häufig, wann ein Infinitiv als substantiviert gilt und wann nicht. Um das zu entscheiden, muss man sich anschauen, wie der Infinitiv auftritt.

Als substantiviert gilt ein Infinitiv – man schreibt ihn also groß –, wenn zu diesem Infinitiv

- ein Genitiv- oder Präpositionalattribut hinzutritt: *Denn Markieren der Fahrbahn nutzt nichts. Dann zählen folgende Rituale zu den Unerlässlichkeiten internationaler politischer Konferenzen: Verlesen inhaltsloser Kommuniqués, Schütteln von Unmengen feuchter Politikerhände, Vertagen von dringlichsten Entscheidungen, Delegieren der Probleme in Ausschüsse.*
- ein attributives Adjektiv/Partizip (mit Endung) hinzutritt: *Demonstratives Gähnen schien ihr da nicht ganz unangebracht. Adäquate Reaktion bedeutet baldiges Erwachen aus dem politischen Wachkoma. Verweigertes Hoffen macht stumpf. Schnelles Arbeiten heißt die Strategie.*
- ein Pronomen hinzutritt: *Sein Zögern war verständlich.*
- ein Artikel hinzutritt: *Ein Tun ist noch kein Handeln. Am Hoffen und Harren erkennt man den Narren.*

- eine Präposition hinzutritt: *Das Management setzt auf Abwarten. Die Aufgabe lässt sich nicht allein durch Nachdenken lösen.*

Ein Infinitiv gilt als Verb – man schreibt ihn also klein –, wenn zu diesem Infinitiv

- ein Objekt hinzutritt: *Denn die Fahrbahn markieren nutzt nichts. Dann zählen folgende Rituale zu den Unerlässlichkeiten internationaler politischer Konferenzen: inhaltslose Kommuniqués verlesen, Unmengen feuchter Politikerhände schütteln, dringlichste Entscheidungen vertagen, Probleme in Ausschüsse delegieren.*
- ein adverbial verwendetes Adjektiv (ohne Endung), ein Adverb oder eine Partikel hinzutritt: *Demonstrativ gähnen schien ihr da nicht ganz unangebracht. Adäquate Reaktion bedeutet bald aus dem politischen Wachkoma erwachen. Anders arbeiten heißt die Strategie. Nur noch hoffen macht stumpf.*

Wenn ein Infinitiv als Ergänzung oder Angabe auftritt, aber keine weitere Bestimmung (Artikel, Adjektiv, Adverb, Partikel, Partizip, Präposition, Pronomen, s. o.) aufweist, bleibt unklar, ob er als Verb oder Substantiv aufzufassen ist. Dann ist es freigestellt, ob man ihn klein- oder großschreibt: *Anja und Jakob lernen schwimmen/Schwimmen, üben Rad fahren / Radfahren und trainieren inlineskaten/Inlineskaten.*

Beziehen sich allein stehende Infinitive aber als Beispiele auf ein substantivisches Bezugswort, werden sie durchgehend großgeschrieben: *Freizeitbeschäftigungen wie Golfen, Tennisspielen oder Segeln fand die Preisträgerin schon immer geschmacklos.* Aber: *Freizeitbeschäftigungen wie dilettantisch golfen, fein gewandet Tennis spielen oder hochnäsig durch die Karibik segeln fand die Preisträgerin schon immer geschmacklos.*

Übersichtliche Zusammensetzungen mit einem substantivierten Infinitiv werden nicht nur groß-, sondern auch zusammengeschrieben: *ein Kräftemessen, das Boulespielen, zum Haareausraufen, beim Großwerden, ein Sichausleben, absichtliches Falschverstehen, beim Schwimmengehen, zum Kennenlernen, das Inkrafttreten.*

Unübersichtliche Zusammensetzungen dieser Art werden durchgekoppelt, das heißt mit Bindestrichen geschrieben. Großgeschrieben werden dann immer das erste Wort der Zusammensetzung, der am Schluss stehende Infinitiv und alle in der Zusammensetzung auftretenden substantivisch verwendeten Wörter: *das Sich-gehen-Lassen, zum Junge-Hunde-Kriegen, das Auf-den-St.-Nimmerleinstag-Verschieben, ihr Nicht-aufgeben-Wollen, das In-Acht-Nehmen, das Außer-sich-Sein, das In-Kraft-Treten, das In-Gang-Bringen, das Zu-spät-Kommen.*

Wenn es bei dem/den Bestimmungswort/-wörtern des substantivierten Infinitivs freigestellt ist, ob man zusammenschreibt oder getrennt, ist für die entsprechenden Zusammensetzungen sowohl Zusammenschreibung als auch Durchkopplung möglich: *beim Zustandekommen/Zu-Stande-Kommen, das Instandhalten/In-Stand-Halten, am Zutagetreten/Zu-Tage-Treten, das Braindrainbeweinen/Brain-Drain-Beweinen, das Staubsaugenmüssen/Staub-saugen-Müssen.*

Anmerkung: Es ist nicht immer so klar, was als übersichtlich gelten kann und was nicht. Bisweilen sind verschiedene Schreibungen vertretbar, etwa: *das In-Kraft-Treten/Inkrafttreten.*

14. Rüge wegen Baumängeln, trotz Unkenrufen

Rektion von Präpositionen (Dativ statt Genitiv)

Präpositionen regieren gewöhnlich einen bestimmten Fall, manchmal mehrere Fälle. Nur: Welche(n)? Die verschiedenen Grammatiken sind sich da durchaus nicht einig. Vor allem nicht, wenn es darum geht, ob eine Präposition den Genitiv fordert oder den Dativ oder ob beide möglich sind. Präpositionen, die den Genitiv fordern, sollen hier behandelt werden. Unstrittig regieren u. a. folgende Präpositionen den Genitiv: *abzüglich, einschließlich, kraft, innerhalb, längs, laut, mangels, mittels, trotz, während, wegen, statt, zuzüglich.* Also heißt es z. B.: *laut gültigen Vertrages, mangels rheinischen Frohsinns, zuzüglich des ermäßigten Mehrwertsteuerbetrages.* Aber selbst bei diesen Präpositionen folgt nicht in jedem Fall der Genitiv. Es gibt Ausnahmen:

- Wird ein allein stehendes Substantiv im Singular angeschlossen, dessen Genitiv auf *-[e]s* endet, wird die Kasusendung meist weggelassen: *laut Vertrag, zuzüglich Mehrwertsteuerbetrag.*
- Ist der Genitiv Plural nicht klar vom Nominativ oder Akkusativ

zu unterscheiden (weil etwa kein Begleitwort wie z. B. ein Artikel den Fall deutlich macht), weicht man auf den Dativ aus. Genitiv bei: *mangels hinreichend entwickelter Triebe*, *wegen unvorhergesehener Nöte*, *statt vieler Worte*. Aber Dativ bei: *mangels Trieben*, *wegen Nöten*, *statt Worten*.

- Gelegentlich schwankt der Gebrauch. Geht einem stark gebeugten Substantiv im Genitiv Singular ein Genitivattribut voran, das ebenfalls ein stark gebeugtes Substantiv im Singular ist, weicht man gern auf den Dativ aus. Statt: *laut Heides dringenden Antrages* heißt es dann: *laut Heides dringendem Antrag*. Folgt allerdings solch ein Genitivattribut seinem Bezugssubstantiv, weicht man nicht ganz so regelmäßig auf den Dativ aus. Vor allem tut man das nach Präpositionen wie *längs*, *laut*, *statt* und *trotz*, die umgangssprachlich neben dem Genitiv auch den Dativ regieren. So ist neben: *längs des Grabens des Zwischenmeeres*, *trotz des Rauches des Großfeuers* auch richtig: *längs dem Graben des Zwischenmeeres*, *trotz dem Rauch des Großfeuers*. Auf *innerhalb*, *mittels*, *während* und *wegen* folgt in solchen Fällen stets der Genitiv: *innerhalb dieses Entwurfes des Star-Designers*, *mittels eines Verfahrens des Anstaltspfarrers*, *während jedes Abgangs des Possenreißers*, *wegen eines Missverständnisses des Abtes*.

Anmerkung: Präpositionalgruppen innerhalb von Genitiv- oder Präpositionalattributen behindern die Textverständlichkeit. Also lieber nicht: *wegen der unnachgiebigen Ablehnung aller noch im Konferenzraum befindlichen Vorstandsmitglieder*, sondern: *weil alle Vorstandsmitglieder, die sich noch im Konferenzraum befanden, unnachgiebig ablehnten ...*

15. Worauf ist das zurückzuführen?

Getrennt- oder Zusammenschreibung bei Infinitiven mit zu

Die Zusammenschreibung von *zurückzuführen* ist auf *zurückführen* zurückzuführen. Das heißt: Die Getrennt- oder Zusammenschreibung von Infinitiven mit eingeschobenem *zu* ist von der Getrennt- oder Zusammenschreibung des einfachen Infinitivs abhängig. Schreibt man den einfachen Infinitiv zusammen, wird auch der Infinitiv mit dem eingeschlossenen *zu* zusammengeschrieben:

zurückführen → zurückzuführen, entgegenstehen → entgegenzustehen. Schreibt man den einfachen Infinitiv getrennt, wird auch der Infinitiv mit dem eingeschlossenen *zu* getrennt geschrieben: *Rad fahren → Rad zu fahren, kennen lernen → kennen zu lernen.*

16. Die Hochschule Magdeburg-Stendal, Osterburger Straße 25, 39576 Stendal[,] feiert im Februar ihr Hochschulfest

Kommasetzung bei mehrteiligen Ortsangaben

Bei mehrteiligen Ortsangaben kommt es für die Kommasetzung vor allem darauf an, ob die einzelnen Angaben durch eine Präposition eingeleitet werden. Ortsangaben ohne Präposition werden durch Komma(s) gegliedert. Dabei ist das Komma nach der letzten Angabe freigestellt, da man die einzelnen Angaben entweder als Appositionen (in Kommas eingeschlossen) oder als Glieder einer Aufzählung (ohne schließendes Komma) deuten kann: *Informieren Sie doch bitte auch Herrn Timo Bezold, Altenfurtplatz 243, 16775 Ribbeck[,] umgehend über die dramatischen Entwicklungen. Wir sollten versuchen, Frau Dörte Krause, 45357 Essen-Borbeck, Hagedornstraße 1 c[,] für diese Aufgabe zu gewinnen. Für ein numismatisches Gutachten dieser Komplexität wenden wir uns am besten gleich an Frau Prof. Dr. Yvonne Beckers, 1170 Wien, Hernalser Landstraße 2.*

Ortsangaben mit Präpositionen stehen dagegen ohne Komma: *Informieren Sie doch bitte auch Herrn Timo Bezold am Altenfurtplatz 243 in 16775 Ribbeck umgehend über die dramatischen Entwicklungen. Wir sollten versuchen, Frau Dörte Krause in 45357 Essen-Borbeck in der Hagedornstraße 1 c für diese Aufgabe zu gewinnen. Für ein numismatisches Gutachten dieser Komplexität wenden wir uns am besten gleich an Frau Prof. Dr. Yvonne Beckers in 1170 Wien in der Hernalser Landstraße 2.*

Selbstverständlich sind auch Mischformen denkbar: *Informieren Sie doch bitte auch Herrn Timo Bezold in 16775 Ribbeck, Altenfurtplatz 243[,] umgehend über die dramatischen Entwicklungen. Wir sollten versuchen, Frau Dörte Krause in 45357 Essen-Borbeck, Hagedornstraße 1 c[,] für diese Aufgabe zu gewinnen. Für ein numismatisches Gutachten dieser Komplexität wenden wir uns am besten gleich an Frau Prof. Dr. Yvonne Beckers in 1170 Wien, Hernalser Landstraße 2.*

Eng zusammengehörende Angaben können mit oder ohne Komma stehen: *Informieren Sie doch bitte auch Herrn Timo Bezold, Altenfurtplatz 243, 4. Stock[,] links, 16775 Ribbeck[,] umgehend über die dramatischen Entwicklungen. Wir sollten versuchen, Frau Dörte Krause, 45357 Essen-Borbeck, Hagedornstraße 1 c, Mansardgeschoss[,] hinten[,] für diese Aufgabe zu gewinnen. Für ein numismatisches Gutachten dieser Komplexität wenden wir uns am besten gleich an Frau Prof. Dr. Yvonne Beckers in 1170 Wien, Hernalser Landstraße 2, Mezzanin[,] unten.*

Anmerkung: Adressenangaben, die einem Personennamen nachgestellt werden, hemmen meist den Lesefluss. Es empfiehlt sich hier, die Hauptaussage und die Angabe der Adresse auf zwei Sätze zu verteilen: *Informieren Sie doch bitte auch Herrn Timo Bezold umgehend über die dramatischen Entwicklungen. Seine Adresse: Altenfurtplatz 243, 16775 Ribbeck.*

17. Stellen, angefangen bei Lehraufträgen über befristete Dozenturen, über Junior-Professor-Stellen bis hin zu Stellen von Akademischen Oberräten

Kommasetzung bei Fügungen mit *von/bei … über … bis [zu] …*

Wer schreibt, dass er mit der Bahn von Essen-Katernberg über Köln Hbf. nach Aachen-Rothe Erde gefahren sei, verwendet in seinem Satz Präpositionalgruppen als Richtungsangaben. Diese Angaben sind allerdings nicht gleichrangig. Vielmehr spezifizieren die ersten beiden Angaben *von Essen-Katernberg* und *über Köln Hbf.* lediglich die Angabe *nach Aachen*. Es kann sich also nicht um eine Aufzählung handeln. Daher setzt man kein Komma zwischen die Angaben. Dies gilt auch, wenn solche Konstruktionen mit *bei/von … über … bis [hin zu]/nach* in anderen als geographischen Zusammenhängen verwendet werden: *Im Rahmen der Mittelkürzungen droht allen Stellen der Prüfstand, angefangen bei Lehraufträgen über befristete Dozenturen bis hin zu Stellen von Akademischen Oberräten.*

Es kann jedoch vorkommen, dass innerhalb einer solchen Fügung eine Aufzählung gleichrangiger Angaben auftritt, zwischen die ein

Komma zu setzen ist: *Helmut ist seinerzeit mit der Bahn von Essen-Katernberg über Düsseldorf Hbf., [über] Köln Hbf. und [über] Düren Hbf. nach Aachen-Rothe Erde gefahren. Im Rahmen der Mittelkürzungen droht allen Stellen der Prüfstand, angefangen bei Lehraufträgen über befristete Dozenturen, über Junior-Professor-Stellen bis hin zu Stellen von Akademischen Oberräten.*

Anmerkung: Für Spitzfindige sei bemerkt, dass im Grunde auch folgende Kommasetzung richtig sein kann: *Sie fahren von Murnau, über Landsberg, nach Augsburg.* Denn gleichrangig könnten solche Angaben sein, wenn etwa gemeint ist, einer fährt von Murnau (z. B. über Lindau nach Schaffhausen), ein anderer fährt unabhängig davon über Landsberg (z. B. von Weilheim nach Kaufering) und wieder ein anderer nach Augsburg (z. B. von Schrobenhausen über Aichach). Es könnten auch dieselben sein, aber zu unterschiedlichen Zeitpunkten. Dann fahren sie halt einmal von Murnau (irgendwohin), ein anderes Mal (von irgendwo) über Landsberg (irgendwohin) und wieder ein anderes Mal (von irgendwo) nach Augsburg.

18. Die Ausstellung wird vom Akademiepräsidenten[,] Prof. Dr. Hieronymus van Loo[,] eröffnet. Unser ehemaliger Schüler Heinrich Böll hat wie so viele unserer Schüler in der Wehrmacht gedient

Kommasetzung bei Ausdrücken aus Funktions-/Berufsbezeichnung und Personennamen

In der Regel hat man bei Ausdrücken, die aus Funktions- bzw. Berufsbezeichnungen und Personennamen bestehen, die Möglichkeit, den Personennamen in das paarige Komma einzuschließen oder das nicht zu tun. Allerdings bedeutet es nicht das Gleiche.

Schließt man den Personennamen in das paarige Komma ein, wird er zur Apposition und die Funktions- bzw. Berufsbezeichnung wird zum Kern der Fügung, sie steht im Vordergrund: *Die Ausstellung wird vom Akademiepräsidenten, Prof. Dr. Hieronymus van Loo, eröffnet.* Man könnte paraphrasieren: *Die Ausstellung wird vom Akademiepräsidenten eröffnet. Übrigens: Das ist Prof. Dr. Hieronymus van Loo.*

Schließt man den Personennamen aber nicht in das paarige Komma ein, ist die Funktions- bzw. Berufsbezeichnung Beifügung und die Person steht im Vordergrund: *Die Ausstellung wird vom Akademiepräsidenten Prof. Dr. Hieronymus van Loo eröffnet.* Man könnte paraphrasieren: *Die Ausstellung wird von Prof. Dr. Hieronymus van Loo eröffnet. Übrigens: Das ist der Akademiepräsident.*

Keine Wahl aber hat man, wenn der Personenname semantisch notwendiger Bestandteil des Satzes ist, wenn er nicht weggelassen werden kann, ohne dass der Satz sinnlos oder missverständlich wird: *Unser ehemaliger Schüler Heinrich Böll hat wie so viele unserer Schüler in der Wehrmacht gedient.* Würde man den Namen in paarige Kommas setzen, hieße das, man könnte ihn auch weglassen, da er ja nur eine Beifügung wäre, eine Apposition. Das geht in diesem Fall aber nicht. Denn der Satz würde sinnlos: **Unser ehemaliger Schüler hat wie so viele unserer Schüler in der Wehrmacht gedient.* Ebenso verhält es sich in Sätzen wie: *Die Therapeutin Dr. Eva Maria Couch hat den Fernfahrer Henri Dutroux geheiratet. Eure Mitarbeiterin Andrea Schneider hat in diesem Monat mehr durch Prämien für Verbesserungsvorschläge verdient als durch ihren kärglichen Lohn.*

19. Kinder im Alter von bis zu 12 Jahren

Rektion bei *bis zu*

Präpositionen verlangen an sich nicht viel. Sie verlangen einen bestimmten Fall. Das tut auch die Fügung *bis zu*. Hier steht der Dativ, den die Präposition *zu* verlangt: *An den Ferienspielen können Kinder bis zu 12 Jahren teilnehmen. Schwärme bis zu 1 000 000 Exemplaren sind nicht selten.*

Gelegentlich wird in solchen Fällen die Präposition *zu* weggelassen. Dann geht die Rektion auf *bis* über, das nun als Präposition auftritt und nicht mehr als Adverb. Die Präposition *bis* regiert hier aber den Akkusativ: *An den Ferienspielen können Kinder bis 12 Jahre teilnehmen. Schwärme bis 1 000 000 Exemplare sind nicht selten.*

Häufig sind auch Sätze wie: *Es können bis zu 80 Kinder teilnehmen. In solchen Schwärmen zählen wir oft bis zu 1 000 000 Exemplare.* Hier tritt die gesamte Fügung *bis zu* adverbial auf (siehe oben *bis*), beeinflusst also nicht den Fall der folgenden Substantivgruppe. Daher kann man in solchen Sätzen *bis zu* weglassen, ohne dass die Sätze ungrammatisch würden: *Es können 80 Kinder teilnehmen. In solchen Schwärmen zählen wir oft 1 000 000 Exemplare.*

Bisweilen tritt eine «echte» Präposition (z. B. *mit*, *von*) vor die adverbiale Fügung *bis zu*. Als Präposition regiert diese den Fall der folgenden Substantivgruppe: *Schwärme von bis zu 1 000 000 Exemplaren sind nicht selten*. Die Präposition *von* fordert hier den Dativ. Die adverbiale Fügung *bis zu* könnte man wiederum weglassen, ohne dass der Satz ungrammatisch würde.

20. Ansichten einer hoch gebildeten / hochgebildeten Richterin

Getrennt- oder Zusammenschreibung bei Fügungen mit *hoch*

Ausgesprochen fehlerträchtig sind die Verbindungen aus *hoch* und Verb, Partizip oder Adjektiv. Denn nicht immer ist leicht zu entscheiden, ob man getrennt schreibt oder zusammen.

Bei Verbindungen aus *hoch* und Verb geht es immer um die Frage, ob *hoch* relativ verwendet wird oder absolut.

Relativ verwendet heißt, dass man *hoch* steigern (*höher*, *am höchsten*) oder erweitern (*recht/ziemlich/äußerst/sehr hoch*) kann. Wird *hoch* relativ verwendet, schreibt man getrennt: *Den Gegner immer hoch achten.*

Absolut verwendet heißt, dass man *hoch* weder steigern noch erweitern kann: *Die Aktienkurse sind hochgeschossen.*

Man kann zwei Verwendungen des Adjektivs *hoch* unterscheiden, und zwar *hoch*

- in der Bedeutung *oben*, *in einiger Höhe*. Hier ist das Adjektiv *hoch* relativ verwendet, also steigerbar (*höher*, *am höchsten*) und erweiterbar (*recht/ziemlich/äußerst/sehr hoch*), daher wird getrennt geschrieben: *Es wird schön, weil heute die Schwalben hoch* (= in großer Höhe) *fliegen. Muss man seine Ziele hoch stecken? Karlchen traut sich nicht, weil diese Persönlichkeiten hoch stehen.*
- in der Bedeutung *nach oben*. Hier ist *hoch* absolut verwendet, ist also weder steiger- noch erweiterbar, daher schreibt man zusammen: *Ich sah, wie die Schwalben vom Loch in der Stallmauer aus*

hochflogen (= nach oben flogen). *Mit ihrer Pfiffigkeit hat sich Alexa schnell hochgearbeitet. Willst du dir nicht die Haare hochstecken?*

Bei Verbindungen aus *hoch* und einem Partizip gilt im Prinzip die gleiche Unterscheidung. Auch hier verwendet man *hoch*:

- relativ, also steiger- und/oder erweiterbar. Man schreibt in der Regel getrennt: *Ohne die Hilfe hoch stehender Persönlichkeiten wirst du deine hoch gesteckten Ziele kaum je erreichen.* Allerdings gestattet die neueste Version der neuen Rechtschreibregelung, solche Verbindungen auch zusammenzuschreiben, wenn die Verbindung als Einheit aufgefasst werden soll: *hoch stehende / hochstehende Persönlichkeiten, hoch gesteckte / hochgesteckte Ziele, hoch motivierte / hochmotivierte Mitarbeiter.* Wird *hoch* allerdings gesteigert oder erweitert, bleibt es auf jeden Fall bei der Getrenntschreibung: *höher stehende Persönlichkeiten, arg hoch gesteckte Ziele, ziemlich hoch motivierte Mitarbeiter.*
- absolut, also nicht steiger- oder erweiterbar. Dies kann durchaus auch der Fall sein, wenn *hoch* in der Bedeutung *oben* verwendet wird, und zwar dann, wenn es sich um eine übertragene Bedeutung handelt. Man schreibt zusammen: *Ach, schon wieder solch hochfliegende Pläne in hochgestochene Phrasen verpackt! Da lob ich mir Andrea, die ist auch in einem hochgeschlossenen Kleid und mit hochgesteckten Haaren ungemein reizvoll.*

In Zusammensetzungen mit Adjektiven fungiert *hoch* oft als rein intensivierender Wortbestandteil. Hier ist *hoch* nie steiger- oder erweiterbar. Man schreibt also zusammen: *Das war hochanständig von der jungen Künstlerin. Ich bin hocherfreut. Das sind schon hochaktuelle Nachrichten über diese hochgiftigen Rückstände.*

Anmerkung: Man achte besonders darauf, dass einige gleich lautende (auch: gleichlautende) Wendungen mal relativ, mal absolut verwendet werden können und entsprechend zu schreiben sind, etwa: *Wir wollen die Ziele hoch stecken* (*hoch gesteckte / hochgesteckte Ziele*). Aber: *Sie will die Haare hochstecken* (*hochgesteckte Haare*).

In einigen Fällen ist kaum zu entscheiden, ob *hoch* rein intensivierend verwendet wird oder doch relativ, das heißt steiger- oder erweiterbar ist. Kann man wirklich sagen: *eine höher gebildete Person*? Oder: *eine ziemlich hoch gebildete Person*? Schwer zu entscheiden. In solchen Fällen bleibt daher freigestellt, ob man zusammenschreibt oder getrennt: *die Ansichten einer hoch gebildeten / hochgebildeten Richterin über einen hoch begabten / hochbegabten jungen Maler.*

21. Versteigerung der dümmsten PCs der Welt

Deklination von Abkürzungen

Müssen Abkürzungen dekliniert werden oder ist die Deklination sozusagen mit abgekürzt? Um diese Frage zu beantworten, unterscheiden wir am besten zwischen Abkürzungen, die als solche auch gesprochen werden: *PKW*, *FH*, *ABS* usw., und Abkürzungen, die als solche nicht gesprochen werden: *Jh.*, *Mw.-St.*, *Prof.* usw.

Abkürzungen, die als solche auch gesprochen werden

Abkürzungen, die als solche auch gesprochen werden, erhalten in der Regel keinen Abkürzungspunkt: *PC*, *Lkw*, *GmbH*, *AG*, *BGB*, *ETH*, *RWTH*, *TH* usw. Sie bedürfen auch nicht unbedingt klärender Deklinationsendungen, zumal dann nicht, wenn der Kasus aus dem Zusammenhang deutlich wird: *des Lkw* (kaum: *des Lkws*), *des PC* (kaum: *des PCs*).

Auch der Plural ist in der Abkürzung mit enthalten und muss nicht eigens gekennzeichnet werden: *die Lkw*, *die PC*. Meist wird der Plural jedoch zusätzlich durch die Endung *-s* angezeigt, und zwar auch dann, wenn die entsprechende Vollform im Plural gar nicht auf *-s* endet: *die Lkws*, *die PCs* (trotz: *die Lastkraftwagen*, *die Personal Computer*). Bei Abkürzungen von Feminina empfiehlt es sich, generell das Plural-*s* zu verwenden, um eine Verwechslung mit dem Singular zu vermeiden: *die GmbHs*, *die AGs*, *die THs*.

Abkürzungen, die als solche nicht gesprochen werden

Abkürzungen, die als solche nur geschrieben, nicht jedoch gesprochen werden, erhalten in der Regel einen Abkürzungspunkt: *Dr.*, *i. A.*, *Dipl.-Ing.*, *z. B.* usw. Deklinationsendungen sind hier nicht üblich. Nur in wenigen Fällen finden sich dennoch Endungen. Dabei ist zu unterscheiden:

- Wenn die Abkürzung undekliniert mit dem letzten Buchstaben der Vollform endet (etwa *Hr.* auf *-r* wie *Herr* oder *Bd.* auf *-d* wie *Band*), wird die Endung u n m i t t e l b a r angehängt: *Hrn.* (= Herrn), *Bde.* (= Bände).

- Ist das nicht der Fall, wird die Deklinationsendung h i n t e r den Abkürzungspunkt gesetzt: *durch die Jh.e* (= Jahrhunderte), *M.s* (= Musils) *Mann ohne Eigenschaften* (kein Apostroph vor dem Genitiv-*s*!).

Durchaus möglich ist es auch, weibliche Formen in Abkürzungen wiederzugeben: *Verf.in* (= Verfasserin), *Prof.in* (= Professorin). Allerdings stehen Abkürzungen wie *Verf.*, *Prof.*, *Dipl.-Ing.* usw. im Allgemeinen sowohl für die männliche als auch für die weibliche Form.

Für die Darstellung des Plurals findet man gelegentlich auch Buchstabenverdopplung: *Mss.* (= Manuskripte), *Jgg.* (= Jahrgänge), *ff.* (= folgende).

Anmerkung: Nicht korrekt ist es, einen Apostroph vor das Genitiv-*s* oder vor das Plural-*s* von Abkürzungen zu setzen. Denn der Apostroph zeigt in der Regel Auslassungen an. Hier ist aber gar nichts ausgelassen. Also n i e: *des *PC's*, *die *TH's* o. Ä.

22. Dread-Disease-Deckung / «dread disease»-Deckung

Groß- oder Klein-, Getrennt- oder Zusammenschreibung und Bindestrich bei Zusammensetzungen mit Wörtern aus dem Englischen oder anderen Fremdsprachen

Gerade bei Wörtern aus dem Englischen bleibt nicht selten unklar, was eigentlich deren Status ist: Handelt es sich um zitierte fremde Wörter: *seine «hire in the morning and fire in the afternoon»-Mentalität* oder um (vielleicht erst vor kurzem) eingeführte Fremdwörter: *ein Asset-Liability-Management* oder um bereits eingedeutschte Lehnwörter: *unsere Partner in Havanna*? Dies macht es schwer zu entscheiden, ob groß- oder klein-, getrennt oder zusammengeschrieben werden soll.

Groß- und Kleinschreibung

Substantivisch verwendete Wörter aus Fremdsprachen werden großgeschrieben – auch wenn sie in der Ursprungssprache kleingeschrieben würden: *Solch ein Way of Life mutet dann doch gewöhnungsbedürftig an. Wer mag in diesem Jahr die Awards der Academy einheimsen? Käse ist doch eine Conditio sine qua non für ein Cordon bleu.*

In mehrteiligen Substantiven aus anderen Sprachen wird der erste Teil stets großgeschrieben – auch wenn dieser kein Substantiv ist: *Grand Cru*, *Soft Skills*, *Big Band*, *Corned Beef* usw. Steht aber der nichtsubstantivische Teil hinter dem substantivischen, bleibt es bei der Kleinschreibung des nichtsubstantivischen Teils: *Concerto grosso*, *Enfant terrible*, *Laterna magica* usw.

Das gilt auch für Schreibungen mit Bindestrich: *After-Work-Clubbing*, *First-Mover-Advantage*, *High-Yield-Bond*, *Me-Incorporated*, *Plug-and-play-Mitarbeiter* usw.

Allerdings bleibt es bei der Kleinschreibung der Substantive, wenn sie in festen Wendungen auftauchen, die nur als Angabe verwendet werden und nie als Ergänzung (Subjekt, Objekt): *a cappella*, *a fresco*, *al dente*, *per annum*, *in vitro*, *en bloc*, *par force*, *across the board*, *below the line*, *just in time* usw. Beispiel: *Wir haben a cappella* (Frage: wie?, Modalangabe) *gesungen*.

Die Kleinschreibung bleibt dann auch in Durchkoppelungen erhalten: *A-cappella-Gesang*, *In-vitro-Fertilisation*, *Just-in-time-Garantie*.

Nahe liegend ist dann natürlich die Frage: Was wird zusammengeschrieben, was getrennt und was mit Bindestrich?

Getrennt- und Zusammenschreibung

Substantiv und Substantiv   Bei Zusammensetzungen aus dem Englischen kommt es darauf an, um welche Wortarten es sich handelt. Zusammensetzungen aus Substantiven werden in der Regel wie solche mit deutschen Wörtern zusammengeschrieben: *Headhunter*, *Braindrain*, *Cashflow*, *Centercourt*, *Airbag*, *Beautycontest*, *Gameboy*, *Flowerpower*, *Ghostwriter*, *Weekend*, *Mountainbike*, *Jobsharing*, *Timesharing*, *Mailbox* usw.

Grundsätzlich ist aber auch die Schreibung mit Bindestrich möglich: *Brain-Drain*, *Center-Court*, *Flower-Power*, *Mountain-Bike*.

Werden solche Zusammensetzungen um ein weiteres Grundwort erweitert, sind alternative Schreibungen möglich. Etwa: *Flowerpowerzeit/Flowerpower-Zeit/Flower-Power-Zeit*, *Mountainbikerennen/Mountainbike-Rennen/Mountain-Bike-Rennen*.

Kurze und/oder allgemein eingeführte Zusammensetzungen werden aber meist ohne Bindestrich geschrieben: *Cashflow*, *Airbag*, *Gameboy*, *Ghostwriter*. Erweiterung: *Airbagkontrolle/Airbag-Kon-*

trolle, *Ghostwritersuche/Ghostwriter-Suche*. So wird *Jobsharing* zusammengeschrieben, während beim nicht ganz so geläufigen *Timesharing* auch die Schreibung *Time-Sharing* zu finden ist.

Auch Zusammensetzungen, die im Englischen bereits zusammengeschrieben werden, verwendet man im Deutschen in der Version ohne Bindestrich: *Headhunter*, *Weekend*, *Mailbox*.

Zusammensetzungen mit Einzelbuchstaben oder Abkürzungen werden, wie im Deutschen allgemein üblich, stets mit Bindestrich geschrieben: *E-Business*, *E-Commerce*, *E-Content*, *E-Mail*, *DNA-Chip*, *Junk-DANN*, *LAN-Party* usw. Erweiterung: *E-Mail-Adresse*, *LAN-Party-Freaks*.

Adjektiv/Partizip/Pronomen und Substantiv Fügungen aus Adjektiv/Partizip/Pronomen und Substantiv werden nach offizieller Regelung zusammengeschrieben, wenn sie sich im Deutschen grammatisch wie Zusammensetzungen verhalten: *Bigband*, *Freeconcert*, *Highfidelity*, *Highsociety*, *Hightech*, *Hotdog*, *Softdrink*, *Hardrock*, *Heavymetal*, *Primetime*, *Softskill*.

Man kann sie aber auch getrennt schreiben: *Added Value*, *Big Band*, *Corporate Identity*, *Dread Disease*, *Free Concert*, *High Fidelity*, *High Potential*, *High Society*, *High Tech*, *Hot Dog*, *Soft Drink*, *Hard Rock*, *Heavy Metal*, *Prime Time*, *Soft Skill*, *Worst Case* usw.

Immer zusammengeschrieben werden Zusammensetzungen, die auch im Englischen schon zusammengeschrieben werden: *Software*, *Hardware*, *Highway*, *Highlight* u. Ä.

Fügungen von Adjektiv/Partizip/Pronomen und Substantiv aus anderen Sprachen als dem Englischen werden in der Regel getrennt geschrieben: *Alma Mater*, *Alter Ego*, *Accent aigu*, *Jour fixe*, *Nouvelle Cuisine*, *Alta Moda*, *Spaghetti carbonara* usw.

Erweiterung: *Big-Band-Arrangement/Bigband-Arrangement/Bigbandarrangement*, *Corporate-Identity-Konzept*, *Dread-Disease-Deckung*, *Heavy-Metal-Konzert/Heavymetal-Konzert/Heavymetalkonzert*, *Nouvelle-Cuisine-Geseire*, *Accent-aigu-Übung* usw.

Substantivische Fremdwörter, die aus dem Englischen entlehnt sind und aus Verb und Präposition/Adverb zusammengesetzt sind, werden mit Bindestrich geschrieben. Oft kann man sie auch zusammenschreiben: *Burn-out/Burnout*, *Coming-out*, *Count-down/Countdown*, *Fall-out/Fallout*, *Know-how*, *Pay-back/Payback*, *Make-up*, *Rooming-in*, *Stand-by*.

Erweiterung: *Burn-out-Syndrom/Burnout-Syndrom/Burnout-syndrom*, *Make-up-Tipps*, *Stand-by-Modus.*

Fremdsprachliche Fügungen, die auch nach deutscher Wortbildung kein Wort, sondern eine Wortgruppe wären (weil z.B. das Grundwort nicht am Ende der Fügung steht o. Ä.), bleiben auch im Deutschen wie in der Ursprungssprache getrennt: *Point of Sale*, *Rock and Roll / Rock 'n' Roll*, *State of the Art*, *Table d'Hôte*, *Tour de Force*, *Sinfonia concertante*, *Thema con Variazioni*, *Corpus Delicti*, *Nervus Rerum*, *Terminus ad quem.* (Ausnahme: Man kann in einigen Fällen Verbindungen aus Adjektiv und Substantiv, die aus dem Englischen stammen, auch zusammenschreiben: *Bigband*, *Hardrock*, siehe oben.)

Mit einem zusätzlichen Grundwort können allerdings auch solche Fügungen ein zusammengesetztes Wort bilden. Man koppelt in diesem Fall durch: *Rock-and-Roll-Kurs*, *Table-d'Hôte-Gespräch*, *Thema-con-Variazioni-Geplänkel*, *Terminus-ad-quem-Regelung.*

In zitierender Redeweise bleiben Groß- und Klein-, Getrennt- und Zusammenschreibung, Schreibung mit Bindestrich oder diakritische Zeichen (z. B. Akzente) der Fremdsprache erhalten: *Das «rien ne va plus» des Croupiers drang kaum noch in Sylvies Bewusstsein. So stellt sich wohl nur Mick Jagger des Teufels Erinnerung an die Zeiten vor, «when the blitzkrieg raged and the bodies stank». Auch Ciceros «summum ius summa iniura» sollten wir «sine ira et studio» diskutieren.*

Anmerkung: Die mögliche Zusammenschreibung von Adjektiv/Partizip/Pronomen und Substantiv scheint sich nicht durchzusetzen; Schreibungen wie *Big Band*, *Heavy Metal*, *High Fidelity* usw. werden bevorzugt. Dementsprechend auch: *Big-Band-Arrangement*, *Heavy-Metal-Konzert*, *High-Fidelity-Qualität.*

23. Dann hat ihr schon die Million gewinkt

Starke oder schwache Konjugation von *winken*

Wenn es um die Million geht, mag es vielen Zeitgenossen ziemlich egal sein, ob die nun gewinkt oder gewunken hat. Gleichwohl ist nur *gewinkt* richtig. Denn *winken* zählt zu den regelmäßigen (auch:

schwachen) Verben, die bei gleich bleibendem Stammvokal das Präteritum mit *-t-* bilden und im Partizip II die Endung *-[e]t* aufweisen:

wirken: wirke – wirkte – gewirkt
winken: winke – wirkte – gewinkt

Dass dennoch so häufig die falsche Form **gewunken* zu finden ist, liegt wohl daran, dass analog zu den intransitiven, jedoch unregelmäßigen (starken) Verben *sinken*, *stinken*, *trinken* gebildet wird, die sich von *winken* im Infinitiv nur durch den Anfangskonsonanten unterscheiden:

sinken: sinke – sank – gesunken
stinken: stinke – stank – gestunken
trinken: trinke – trank – getrunken

Anmerkung: Allerdings wird *winken* durchaus nicht als einzige Ausnahme unter den intransitiven Verben auf *-inken* regelmäßig (schwach) konjugiert. Vgl.:

blinken: blinke – blinkte – geblinkt
hinken: hinke – hinkte – gehinkt

Hier aber kommt niemand auf die Idee zu formulieren, dass da etwas im Morgennebel **geblunken* habe, worauf dann ein verstörter Gnom über die Lichtung **gehunken* sei.

24. Abwicklung von outgesourcten Aufgaben

Wortbildung und Formen von eingedeutschten Verben

Die Aufgabe, Inhalte sprachlich auszudrücken, wurde in den letzten Jahren mehr und mehr outgesourct, das heißt dem Englischen übertragen. Dabei wird immer weniger eingedeutscht. Bei den Verben allerdings ist man zu englisch-deutschen Mischformen gezwungen, um den Forderungen des Satzes (Syntax) und der Formbildung (Morphologie) nachkommen zu können. Folgende Anpassungen an die deutsche Morphologie werden dabei in der Regel als notwendig empfunden:

Infinitiv

Der englische Infinitiv wird durch die deutsche Infinitivendung *-[e]n* erweitert: *beamen*, *checken*, *dealen*, *downloaden*, *sponsern*, *managen*, *outen*, *outsourcen*, *updaten* usw. Bisweilen wird auch noch weiter gehend angepasst, etwa mit Buchstabenumstellungen: *recyceln* statt *to recycle*, *handeln* statt *to handle*.

Personalendungen

Die Infinitivanpassung ermöglicht, dass diesen Verben nun ganz regelmäßig die entsprechenden deutschen Personalendungen angefügt werden: *ich sponsere/sponserte*, *du sponserst/sponsertest*, *er/sie/es sponsert/sponserte*, *wir sponsern/sponserten*, *ihr sponsert/sponsertet*, *sie sponsern/sponserten*.

Bei einem Zischlaut vor der Infinitivendung fällt wie auch sonst im Deutschen das *-s* der 2. Person Singular weg: *du sourct*.

Bei Verben auf *-eln* wie *recyceln* oder *canceln* fällt ebenso wie sonst im Deutschen das *-e* vor dem *-l* weg, wenn diesem *-l* wiederum ein *-e* folgt: *ich recycle*, *du recycelst*, *er/sie/es recycelt*, *wir recyceln*, *ihr recycelt*, *sie recyceln*.

Partizip II

<u>Verben, die nicht zusammengesetzt sind</u> Bei Verben, die nicht aus Vorsilbe/Zusatz und Verb zusammengesetzt sind, wird das Partizip II nach dem Muster regelmäßiger (schwacher) Verben mit der Vorsilbe *ge-* und der Endung *-t* gebildet: *gebeamt*, *gecheckt*, *gedealt*, *gehandelt*, *gemanagt*, *gemailt* (bzw. *geemailt*), *geoutet*, *gesurft* usw.

<u>Feste und unfeste Zusammensetzungen</u> Feste Zusammensetzungen aus Vorsilbe und Verb bilden das Partizip II regelmäßig, aber ohne *ge-*: *debuggt*, *designt*, *recycelt*, *relaxt* usw. Sie bleiben stets ungetrennt: *du debuggst*, *ich designe*, *ihr recyceltet*, *wir relaxten*.

Unfeste Zusammensetzungen aus Verbzusatz und Verb bilden das Partizip II regelmäßig auf *-t* mit zwischen Zusatz und Verb eingeschobenem *ge-*: *downgeloadet*, *outgesourct*.

Mit dem nicht verbalen Teil ist das eigentliche Verb bei den unfest zusammengesetzten außer im Partizip II nur noch im Infinitiv, im

Partizip I sowie im Nebensatz mit einleitendem Wort (Relativpronomen, Subjunktion) fest verbunden: *outsourcen*, *outzusourcen*, *outsourcend*; *weil wir das immer outsourcen.*

Ansonsten sind die Teile in der Regel getrennt: *Diese Aufgaben sourcen wir am besten out. Ich loadete das Ganze down.*

Anmerkung: Es gibt Ausnahmen, die teils wie feste Zusammensetzungen funktionieren: *Update die Tinca-vulgaris-Dateien doch mal*, teils wie unfeste: *Erledigt, ich habe die Tinca-vulgaris-Dateien upgedatet.*

25. Unmengen langweiliger Gesichter / langweilige Gesichter, ein gutes Glas Wein / ein Glas guter Wein

Genitivattribut oder substantivisches Attribut im gleichen Kasus, Bezug des Adjektivs auf Maß oder Stoff

Weder *Unmengen langweilige Gesichter* noch *Unmengen langweiliger Gesichter* heben für gewöhnlich die allgemeine Stimmung. Grammatisch geht beides. Heute wird überwiegend die Apposition bevorzugt, das heißt, die Mengenangabe und das darauf folgende Substantiv stehen im gleichen Fall: *Unmengen langweilige Gesichter.* Das Genitivattribut *Unmengen langweiliger Gesichter* gilt als gehoben. In Ausdrücken wie *ein Glas guten Weines* wirkt es sogar gespreizt.

Jedoch ist weder gegen *ein Glas guten Wein* noch gegen *ein gutes Glas Wein* etwas einzuwenden. Denn wenn eine Maßangabe und die Stoffbezeichnung eine Einheit bilden wie *Glas Wein*, kann das Adjektiv sowohl vor dieser Einheit stehen als auch vor dem Stoff. Das ist immer dann der Fall, wenn man das Adjektiv auf Maßangabe oder Stoff gleichermaßen beziehen kann, ohne dass die Bedeutung sich dadurch ändert: *ein dampfendes Glas Grog / ein Glas dampfender Grog*, *ein neues Paar Pumps / ein Paar neue Pumps.* Es geht hingegen nicht, wenn die Bedeutung unter der Verschiebung leidet. So mag bei *einem frischen Glas Milch* das Glas zwar frisch sein – über die Milch ist aber damit noch nichts ausgesagt.

Anmerkung: Noch einmal zurück zum *guten Glas Wein* bzw. zum *Glas guten Wein[es]*: Dass ein Sprachpurist natürlich auch zwischen der Güte des Weines und der Güte des Glases unterscheiden könnte, soll nicht geleugnet werden.

26. Vereinzelung und Isolierung großer Teile der Bevölkerung bedrohen unsere moderne Informationsgesellschaft

Numeruskongruenz bei mehrteiligem Subjekt

Vereinzelung und Isolierung haben ja etwas stark Singularisches. Aber auch, wenn sie zusammen auftreten? Normalerweise steht das Verb im Plural, wenn sich das Subjekt des Satzes aus mehreren nebengeordneten Teilen zusammensetzt. Das gilt im Prinzip auch für Substantivierungen auf *-ung*: *Vereinzelung und Isolierung bedrohen unsere moderne Informationsgesellschaft.* Und auch: *Die Vereinzelung und die Isolierung bedrohen unsere moderne Informationsgesellschaft.*

Aber gerade solche abstrakten Substantivierungen fasst man gern als ein einheitliches, wenn auch zusammengesetztes Subjekt auf. Dann kann das Verb auch im Singular auftreten, vor allem, wenn

- bei den Substantivierungen ein Artikel eingespart wird: *Die Vereinzelung und Isolierung bedroht/bedrohen unsere moderne Informationsgesellschaft.*
- die Substantivierungen ein gemeinsames Attribut teilen: *Zunehmende Vereinzelung und Isolierung bedroht/bedrohen unsere moderne Informationsgesellschaft. Vereinzelung und Isolierung großer Teile der Bevölkerung bedroht/bedrohen unsere moderne Informationsgesellschaft.*
- die Substantivierungen Zusammensetzungen sind mit gleichem, beim ersten Teil eingespartem Grundwort: *Die Schall- und Wärmedämmung muss/müssen in Zusammenhang mit dem Feuchtigkeitsschutz betrachtet werden.*

Aber auch in anderen Fällen kann das Verb im Singular stehen, obwohl das Subjekt sich aus mehreren nebengeordneten Teilen zusammensetzt, z. B. wenn

- das Verb vor dem Subjekt oder Teilen des Subjekts erscheint: *Dann kam/kamen der Lottogewinn und die große Liebe. So konnte/konnten der Mann, das Pferd gerettet werden. Die Fachbereichsleiterin zog/zogen mit und der neue Kursleiter.*
- ein zusätzliches *damit*, *somit*, *mithin* o. Ä. den zweiten Teil des Subjekts eng an den ersten bindet oder gar als dessen echte Teilmenge ausweist: *Das ganze Bienenvolk und somit auch die Köni-*

gin ist/sind von dieser Krankheit dahingerafft worden. Auf Grund dieser Fristsetzung fiel/fielen der ganze Vereinsbereich und mithin auch der SC Ahorn Tangermünde e. V. völlig aus der Förderung heraus.

- die Teile des Subjekts eine formelhafte Einheit bilden: *Wohl und Wehe ist/sind eng mit dem wirtschaftlichen Erfolg der Zeche verbunden. Dick und Durstig traf/trafen sich mal wieder im Ballermann. Zeit und Geld steht/stehen im Überfluss zur Verfügung.*
- die Teile des Subjekts durch eine nachfolgende Apposition zusammengefasst werden: *Stan und Ollie, das Erfolgsgespann jener Zeit, sorgte/sorgten nicht nur in Amerika für volle Kinokassen. Steht/Stehen Menden & Marxer, der Grabungsspezialist, vor dem endgültigen Aus?*
- die Teile des Subjekts Infinitive sind: *Warten und Starren hilft/helfen da auch nicht weiter. Auf die Barrikaden gehen und schreiendes Unrecht auf der Straße bekämpfen brächte nur Solveigs Tagesablauf durcheinander.* Aber es steht eher der Plural, wenn die Infinitive einen Artikel, ein Pronomen oder Adjektiv bei sich haben: *Langes Warten und angestrengtes Starren helfen/(hilft) da auch nicht weiter. Das Schreiben und das Lesen verursachen/(verursacht) mir regelmäßig Unwohlsein.*
- die singularischen Teile des Subjekts mit einem der Pronomen *kein*, *jeder* oder *mancher* versehen sind: *Mancher Lehrbeauftragte und manche Privatdozentin würde/würden solch eine Regelung durchaus begrüßen. Kein Anfang, keine Entstehung und auch keine Geburt wird/werden darin gesehen. Jeder Mann und jede Frau ist/sind aufgerufen mitzuhelfen.* Sind diese Pronomen (oder auch: *nichts*, *niemand*) Teile des Subjekts, verwendet man überwiegend den Singular: *Nichts und niemand konnte Karla von ihrem Entschluss abbringen. Auch hier wollte mal wieder jeder und jede mitreden.*
- die singularischen Teile des Subjekts mit *weder … noch* verbunden sind. Wenn das Subjekt vor dem Verb steht, ist der Plural üblicher, wenn das Subjekt dem Verb nachfolgt, dagegen der Singular: *Weder die analytische Philosophie noch der logische Empirismus nahmen/(nahm) das Problem ernsthaft in den Blick. Auf Grund dieser Immunisierungsstrategie konnte/(konnten) sich weder die Mbono-Route noch der Weg über das Virunga-Karisimbi-Massiv als falsch erweisen.*

- die singularischen Teile des Subjekts mit *[so]wie* verbunden sind. Wenn das Subjekt vor dem Verb steht, ist der Plural üblicher, wenn das Subjekt dem Verb nachfolgt, dagegen der Singular: *Das langjährige Aufgehen im Sex-and-Drugs-and-Rock-'n'-Roll-Lebensgefühl sowie die massive Ignorierung des Älterwerdens haben wesentlich zu Annas Problemen beigetragen. Das langjährige Aufgehen im Sex-and-Drugs-and-Rock-'n'-Roll-Lebensgefühl hat wesentlich zu Annas Problemen beigetragen sowie die massive Ignorierung des Älterwerdens. Zu Annas Problemen wesentlich beigetragen hat/(haben) das langjährige Aufgehen im Sex-and-Drugs-and-Rock-'n'-Roll-Lebensgefühl sowie die massive Ignorierung des Älterwerdens.*
- die singularischen Teile des Subjekts mit *sowohl ... als/wie auch ...* verbunden sind. Üblicher ist der Plural, doch gelegentlich steht auch der Singular: *Sowohl Eifer als auch Begabung brächten/brächte hier mit Sicherheit den Erfolg, wenn nur eines von beiden vorhanden wäre. Sowohl Katjas gepflegter Größenwahn wie auch Hannos unterwürfige Schleimerei helfen/hilft hier nur mäßig. Sowohl die Niederlage wie auch die Art und Weise der Niederlage lassen/lässt wenig Hoffnung.*

Stets im Singular steht das Verb, wenn

- ein singularischer Teil den/die anderen umfasst: *Hannah und ihre ganze Klasse war begeistert. Ihre Klassenkameraden und eigentlich jeder lobte die Aufführung in den höchsten Tönen.*
- das mehrteilige Subjekt ein zitierter Werktitel ist: *Hasenclevers «Städte, Nächte und Menschen» wurde neu herausgegeben. «Pünktchen und Anton» wird vom Star des Theaters der Altmark vorgelesen.*
- die singularischen Teile des Subjekts mit ausschließendem *oder* bzw. mit *entweder ... oder* verbunden sind: *Den Magen füllen wird hinterher Sekt oder Selters. Entweder der ehrgeizige Prokurist oder der enttäuschte Frühstücksdirektor ist für die Unterschlagung verantwortlich.* (Steht aber das Subjekt vor dem Verb, ist bei ausschließendem *oder* auch der Plural nicht unüblich: *Sekt oder Selters wird/werden hinterher den Magen füllen.* Wenn ein Teil des Subjekts im Plural steht, richtet sich das Verb nach dem näher bei ihm stehenden Teil: *Das halbe Volk oder 40 Millionen Bürger sind davon betroffen. 40 Millionen Bürger oder das halbe Volk ist davon betroffen.*)

27. 100-prozentiger FKKler wurde 13facher/ 13-facher Hallenmeister

Bindestrich bei Zusammensetzungen mit Ziffern, Abkürzungen und Einzelbuchstaben

In etlichen Fällen ist sowohl die Schreibung mit Bindestrich wie auch die ohne akzeptabel; das macht den Bindestrich zur Fehlerquelle. Denn oft gewinnt so die Vorstellung überhand, hier sei alles egal. Und so ist es nun auch wieder nicht.

Wir wollen hier einen besonders problematischen Anwendungsbereich genauer untersuchen, und zwar die Zusammensetzungen mit Ziffern, Abkürzungen und Einzelbuchstaben.

Zusammensetzungen mit Ziffern und Abkürzungen

Zusammensetzungen aus Ziffern/Abkürzungen und Wörtern/Wortableitungen werden mit Bindestrich geschrieben: *24-mal*, *24-Stunden-Service*, *24-seitig* (*-seitig* = Ableitung von *Seite*), *150-prozentig* (*-prozentig* = Ableitung von *Prozent*), *24-jährig* (*-jährig* = Ableitung von *Jahr*), *8-beinig* (*-beinig* = Ableitung von *Bein*), *FKK-begeistert*, *US-amerikanisch*, *EDV-gestützt*, *km-Zähler*. (Die Groß- bzw. Kleinschreibung von Abkürzungen bleibt übrigens in Zusammensetzungen grundsätzlich erhalten, unabhängig davon, zu welcher Wortart die Zusammensetzung zu zählen ist.)

Werden Ziffern oder Abkürzungen aber nicht mit Wörtern oder Ableitungen aus Wörtern zusammengesetzt, sondern mit bloßen Vor- oder Nachsilben, dann wird ohne Bindestrich zusammengeschrieben: *24fach*, *24ste*, *die alten 68er*, *6er im Lotto*, *ver256fachen*, *DKPler*, *FKKler*.

Im Falle der Zusammensetzungen mit *-fach* gilt auch die Schreibung mit Bindestrich als korrekt, da der Wortbestandteil *-fach* einer Grauzone zwischen unselbstständigem Grundmorphem und Suffix zuzuordnen ist.

Zusammensetzungen mit Einzelbuchstaben

Zusammensetzungen mit Einzelbuchstaben werden grundsätzlich mit Bindestrich geschrieben. Hier spielt es auch keine Rolle, ob der Buchstabe mit einem Wort, einer Wortableitung oder einer Vor- bzw. Nachsilbe zusammengesetzt wird: *S-Kurve*, *o-beinig*, *y-Achse*, *ver-x-fachen*, *x-beliebig*, *T-Träger*.

Anmerkung: Man beachte die Schreibung: *150%ig*. Hier wird ohne Bindestrich geschrieben.

28. Wie geht's/gehts Carlo's/Carlos' verwegenen Kumpanen?

Apostroph

Eine ansteckende Infektionskrankheit grassiert in deutschsprachigen Landen: die «Apostrophitis». Die Symptome sehen ungefähr so aus: **Heidi's Häkellädchen*, **Udo's Pausentheke*, **mehr für's Geld* usw., also Apostrophe, wo keine hingehören. Wo aber gehören sie hin? Allenfalls dahin, wo ein oder mehrere Buchstaben ausgelassen sind, und auch da nur in einigen Fällen.

Der Apostroph beim Genitiv von einfachen Eigennamen

Im Allgemeinen steht im Deutschen kein Apostroph vor dem Genitiv-*s* von einfachen Eigennamen: *die ätzende Diskussion um Angela Merkels Frisur*, *Albert Einsteins Relativitätstheorie*, *Heiners Titantretlager* usw.; auch nicht, wenn die Namen abgekürzt sind: *B. B.s* (Bertolt Brechts) *Lehrgedichte*, *E.s* (Einsteins) *politisches Engagement*, *A. M.s* (Angela Merkels) *politisches Programm* usw.

Endet allerdings ein Name auf *-s*, *-ss*, *-ß*, *-tz*, *-z*, *-x* oder *-ce*, erhält er einen nachgestellten Apostroph, wenn er keinen Begleiter wie einen Artikel oder ein Pronomen bei sich hat: *Miles Davis' geniales Trompetenspiel*, *Gottfried Wilhelm Leibniz' Monadenlehre*, *Linz' nationalsozialistische Geschichte* usw. Aber: *das geniale Trompetenspiel des Miles Davis*, *die Monadenlehre des Gottfried Wilhelm Leibniz*.

Diese Regelung ist als Ausspracheregelung zu verstehen, daher gilt sie auch für nichtdeutsche Namen, die lautlich auf einen der genannten Zischlaute enden: *Lance' fünfter Toursieg*, *Nimes' berühmtes Amphitheater*, *Fredi Bobic' Tore*, *Anatole France' Leben* usw.

Um zu verdeutlichen, von welcher Grundform ein Genitiv abgeleitet ist, kann man, wo Zweifel aufkommen könnten, ausnahmsweise einen Apostroph vor das Genitiv-*s* setzen. So schreibt man *Carlo's Kumpane*, wenn man die Kumpane von *Carlo* meint, aber *Carlos' Kumpane*, wenn die von *Carlos* gemeint sind. So ist auch zu unterscheiden zwischen: *Andrea's Notenschnitt* und *Andreas' Notenschnitt*, *Tara's wallendem Haar* und *Taras' wallendem Haar* usw.

Der Apostroph beim Ausfall von Buchstaben

Der Apostroph hat also im Allgemeinen nichts mit dem Genitiv zu tun. Seine Aufgabe ist vielmehr die, anzuzeigen, dass ein Buchstabe bzw. mehrere Buchstaben weggelassen worden sind. Allerdings wird der Apostroph nur dann eingesetzt, wenn es ohne den Hinweis auf den Ausfall schwierig würde, das Wort zu lesen bzw. zu verstehen. Die Faustregel lautet:

Übliche Auslassungen ohne Apostroph, unübliche Auslassungen mit Apostroph.

So können etwa Buchstaben am Anfang eines Wortes weggelassen sein. Das ist eher unüblich, daher steht ein Apostroph, vor den ein Spatium (Wortzwischenraum) zu setzen ist: *So 'n Mist aber auch! Wie 's Wetter wird, kann man noch nicht sagen.*

Am Satzanfang werden die Wörter mit Anfangsapostroph übrigens unverändert kleingeschrieben: *'s ist dumm gelaufen.*

Der Apostroph wird in der Regel gesetzt, wenn ein *-i-* in Pronomen oder Adjektiven ausgelassen ist, die auf *-ig* und *-isch* gebildet werden: *eil'ges Scharren*, *ein'ges Gute*, *anständ'ge Leut*, *altmärk'sches Zentrum* usw.

Bei gut lesbaren und unmissverständlichen Auslassungen schreibt man e h e r ohne Apostroph. Das trifft im Allgemeinen zu auf Auslassungen

- von unbetontem *-e-* im Wortinnern: *die offne* (= offene) *Ehe*, *in trocknen* (= trockenen) *Tüchern*, *ich wechsle* (= wechsele)
- des Schluss-*e* von bestimmten Verbformen: *Wes Brot ich ess* (= esse), *des Lied ich sing* (= singe)
- von Endungen bei Pronomen: *manch Rittersmann*, *solch Trauerspiel*, *welch Ekstase*

- des Schluss-*e* bei Substantiven, Adjektiven, Adverbien u. a., die eine zwar verkürzte, aber allgemein geläufige Nebenform des Wortes ergeben: *Tür* (statt: Türe), *trüb* (statt: trübe), *gern* (statt: gerne)

Stets ohne Apostroph werden geschrieben

- die allgemein geläufigen Verschmelzungen von Präposition und Artikel: *ans, aufs, durchs, fürs, hinters, ins, übers, ums, unters, vors, am, beim, hinterm, im, überm, unterm, vorm, zum, hintern, übern, untern, vorn, zur* (Verschmelzungen mit ungeläufigen Konsonantenverbindungen werden dagegen meist mit Apostroph geschrieben: *Entscheidend iss auf'm Platz. Kurz nach'm Essen iss kurz vorm Essen. Der muss man nur ordentlich in'n Hintern treten.*)
- die mit *r-* beginnenden Kurzformen von Adverbien wie: *ran, rauf, rein, rüber, runter, raus* usw.
- die Kurzformen *mal* (= einmal) und *was* (= etwas)

Verschmelzungen von Verb oder Konjunktion mit dem Pronomen *es* können ohne, aber auch mit Apostroph (dann meist ohne Spatium!) geschrieben werden: *Wie gehts/geht's? Gestern gings/ging's noch. Gibts/Gibt's denn nichts mehr zu trinken? Weils/Weil's einfach wahr ist!*

Ein Apostroph wird immer gesetzt bei längeren Auslassungen im Wortinneren: *D'dorf* (= Düsseldorf), *Ku'damm* (= Kurfürstendamm), *M'gladbach* (= Mönchengladbach).

Der Apostroph kann eingesetzt werden bei (umgangssprachlichen) Auslassungen am Ende eines Wortes: *Der Fürst, ich Tropf, // begehrt mein'* (= meinen) *Kopf. Schaun S'* (= Sie) *halt. Sant' Agata* (= Santa Agata) *liegt nicht unmittelbar bei Sant' Alberto* (= Santo Alberto).

Bei Adjektiven auf *-sche*, die von Eigennamen hergeleitet sind, hat man die Wahl, ob man einen Apostroph setzt oder nicht. Ohne Apostroph wird der Eigenname klein-, mit Apostroph großgeschrieben: *die einsteinschen/Einstein'schen Theorien, der hasencleversche/Hasenclever'sche Humor, das grimmsche/Grimm'sche Märchen.*

Einen Apostroph setzt man in diesen Fällen, wenn man die Grundform des Personennamens verdeutlichen will. Von einem Bedeutungsunterschied der beiden Formen ist in der offiziellen Regelung nicht die Rede.

Anmerkung: Der Apostroph im Wortinneren bleibt auch bei der Worttrennung am Zeilenende erhalten: *ew'-ge Liebe, Borussia M'-gladbach, Hasenclever'-scher Humor.*

29. *Vor allem für schwer Behinderte / Schwerbehinderte und allein Stehende / Alleinstehende sind weit reichende / weitreichende Folgen zu erwarten*

Getrennt- oder Zusammenschreibung von Adjektiv und Partizip

Selbst wenn man hoch zielt, kann man tief treffen – auch und vor allem in übertragenem Sinne. Eine ganz andere – nämlich orthographische – Frage ist, ob dabei jemand *tief getroffen* oder *tiefgetroffen* vom Felde wankt.

Kann man eine Fügung aus Adjektiv und Partizip auf eine entsprechende Fügung aus Adjektiv und Verb zurückführen (so, wie man etwa *tief getroffen* auf *tief treffen* zurückführen kann), schreibt man diese, was die Getrennt- oder Zusammenschreibung angeht, in der Regel wie die zu Grunde liegende Fügung (meist getrennt): *tief getroffen* wegen *tief treffen*, *tief stehend* wegen *tief stehen*, *lange während* wegen *lange währen*, *allein erziehend* wegen *allein erziehen*, *schwer verletzt* wegen *schwer verletzen*, *dicht gedrängt* wegen *dicht drängen* usw. Aber auch die Zusammenschreibung ist möglich, wenn das jeweilige Partizip adjektivisch verwendet wird: *einige alleinerziehende Väter*. Wenn aber schon die zu Grunde liegende Fügung aus Adjektiv und Verb zusammengeschrieben wird, schreibt man auch die entsprechende Verbindung aus Adjektiv und Partizip stets zusammen: *langweilend* wegen *sich langweilen*, *großtuend* wegen *großtun*, *totgesagt* wegen *totsagen*, *kurzgeschlossen* wegen *kurzschließen* usw.

Wann aber schreibt man Verbindungen aus Adjektiv und Verb getrennt und wann zusammen? Man kann sagen: In der Regel schreibt man getrennt, es sei denn

- der erste Bestandteil (der eventuell als Adjektiv deutbar wäre) tritt als eigenständiges Wort nicht auf: *feilbieten*, *weismachen* o. Ä.
- das Adjektiv ist in dieser Verbindung weder erweiter- noch steigerbar (die Negation *nicht* gilt dabei nicht als Erweiterung): *aufrechterhalten*, *bereitstellen*, *bloßlegen*, *fernsehen*, *festsetzen* (= bestimmen), *großtun*, *gutschreiben* (= anrechnen), *hochstapeln*, *schwarzfahren*, *totschweigen*, *wahrsagen* (= prophezeien); bisweilen ändert sich die Erweiter- oder Steigerbarkeit mit der Bedeutung:

frei sprechen (= nicht vom Blatt lesen) / *freisprechen* (= für unschuldig erklären), *warm halten* (eine Speise) / *warm halten* oder *warmhalten* (= sich jemanden gewogen halten), *klein schreiben* (= in kleiner Schrift schreiben) / *kleinschreiben* (= mit kleinem Anfangsbuchstaben schreiben)

Diese Regelungen gelten auch, wenn solche Verbindungen substantiviert verwendet werden: *die allein Erziehende / Alleinerziehende, die schwer Verletzten / Schwerverletzten, die Totgesagten, etwas Großtuendes.*

In einigen Fällen kann wahlweise der erste oder der zweite Teil der Fügung gesteigert werden. Wird der erste Teil gesteigert, ist getrennt zu schreiben, steigert man den zweiten, schreibt man zusammen:

weit gehend / weitgehend – weiter gehend / weitgehender – am weitesten gehend / weitestgehend / weitgehendst

schwer wiegend / schwerwiegend – schwerer wiegend / schwerwiegender – am schwersten wiegend / schwerwiegendsten

Mit Bedeutungsunterscheidung: *hart gesottene Eier* wegen *härter gesottene Eier*, aber: *hartgesottener Freibeuter* wegen *der hartgesottenste Freibeuter.*

Anmerkung: Man beachte folgende Schreibweisen: *Betreuung wird groß geschrieben* (= wichtig genommen). *«Betreuung» wird groß geschrieben* (= in großer Schrift geschrieben). *«Betreuung» wird großgeschrieben* (= mit großem Anfangsbuchstaben).

30. Wir haben alle griechischen Philosophen drauf: Thales, Pythagoras, Sokrates, Platon, Aristoteles, Plotin ...

Punkt nach Abkürzungspunkt oder Auslassungspunkten

Endet ein Satz mit einem Abkürzungspunkt oder auf Auslassungspunkte, setzt man keinen zusätzlichen Satzschlusspunkt: *Wir haben alle griechischen Philosophen drauf: Thales, Pythagoras, Sokrates, Platon, Aristoteles, Plotin etc. Wir haben alle griechischen Philosophen drauf: Thales, Pythagoras, Sokrates, Platon, Aristoteles, Plotin ...*

Zu beachten sind aber Fälle wie: *Geradezu konsterniert reagierte der Tutor auf Klaras unwirsches «Völlig Wurscht sind sie mir, diese Vorsokratiker Hesiod, Thales, Anaximenes, Pythagoras, Zenon, Empedokles usw.».*

31. Operationen am dritten[,] tiefer liegenden Brustwirbel

Komma zwischen Adjektiven

Eine Horrorvorstellung ist es, ohnmächtig auf dem Operationstisch zu liegen und am falschen Körperteil operiert zu werden – vielleicht gar, weil die Kommasetzung in der Beschreibung des Orthopäden: *der dritte[,] tiefer liegende Brustwirbel* falsch war oder vom Chirurgen falsch gedeutet worden ist. Denn *der dritte tiefer liegende Brustwirbel* muss nicht unbedingt identisch sein mit *dem dritten, tiefer liegenden Brustwirbel.* Wieso nicht?

Das einfache Komma, das Aufzählungskomma, steht zwischen gleichrangigen (und gleichartigen) Satzgliedern (Wörtern, Wortgruppen, Nebensätzen, Hauptsätzen usw.). Wenn es zwischen Adjektivattributen steht, heißt das: Die Adjektive beziehen sich grammatisch gleichrangig auf das entsprechende Substantiv: *eine warme, hübsch dekorierte Zwischenmahlzeit*; *ein großer, dicker Hund*; *der dritte, tiefer liegende Brustwirbel.* Damit wird ausgedrückt: Die Zwischenmahlzeit ist s o w o h l warm a l s a u c h hübsch dekoriert, der Hund ist groß u n d dick, der Brustwirbel ist der nach allgemein üblicher Zählung dritte u n d liegt zufällig auch noch tiefer. Wenn man also von der Bedeutung her zwischen die Adjektive statt des Kommas ein *und* setzen könnte, ist ein Komma erforderlich. Wegen: *ein großer u n d dicker Hund* also: *ein großer, dicker Hund.*

Anders sieht es aus bei: *eine hübsch dekorierte warme Zwischenmahlzeit*; *ein großer dicker Hund*; *der dritte tiefer liegende Brustwirbel.* Hier bezieht sich das erste Adjektiv nicht wie das zweite allein auf das entsprechende Substantiv, sondern auf die gesamte Wortgruppe aus zweitem Adjektiv und Substantiv. Das heißt: Wir nehmen zunächst einmal die warmen Zwischenmahlzeiten in den Blick und unterscheiden dann unter ihnen zwischen hübsch dekorierten und weniger hübsch dekorierten bzw. wir kümmern uns bei der Gruppe der dicken Hunde nur um die großen, nicht aber um die kleinen. Und bei den Brustwirbeln? Wenn kein Komma gesetzt ist, meinen wir aus der Gruppe der tiefer liegenden Brustwirbel den dritten. Das heißt aber: Wir benötigen einen Referenzwirbel, von dem aus wir abzählen. Und das kann dann natürlich zu einem ganz anderen Ergebnis führen als die allgemein übliche Zählung.

Man achte also auf die Unterschiede in der Bedeutung bei Ausdrücken wie: *ein batteriebetriebener geräuscharmer Motor* (= es gibt auch andere geräuscharme Motoren) / *ein batteriebetriebener, geräuscharmer Motor* (der Motor ist sowohl batteriebetrieben als auch geräuscharm); *die oberen felsigen Hänge* (= auch die unteren sind felsig) / *die oberen, felsigen Hänge* (= die Hänge liegen oben und sind felsig, über die Beschaffenheit der unteren ist nichts ausgesagt); *ein distinguierter älterer Herr* (= es gibt auch ganz andere ältere Herren) / *ein distinguierter, älterer Herr* (der Herr ist distinguiert und unabhängig davon auch schon etwas älter).

32. Vorteile weiter gehender / weitgehenderer Lösungen

Steigerung von Zusammensetzungen aus Adjektiv und Partizip/Adjektiv

Nicht selten ist ja die **nächstgelegenste* Lösung auch die falsche. Denn eins erst einmal vorweg: In Zusammensetzungen aus Adjektiv und Partizip ist die Steigerung beider Bestandteile nicht nur übertrieben, sondern falsch. Also wende man sich lieber der *am nächsten gelegenen Pommesbude* zu oder der *nächstgelegenen.*

In einigen Fällen ist nur die Steigerung des ersten Teils möglich: *in größtmöglicher Ausführung, die am höchsten gelegene / höchstgelegene Stadt Europas, die am höchsten dotierte / höchstdotierte Stelle, die am tiefsten liegenden / tiefstliegenden Stadtteile Kölns, etwas tiefer schürfende Gedanken.*

In den meisten Fällen kann man wahlweise entweder den ersten oder den zweiten Bestandteil steigern (nie aber beide): *die weiter gehende / weitgehendere Lösung, die am weitesten gehende / weitgehendste Lösung, das zarter besaitete / zartbesaitetere Gemüt, das am zartesten besaitete / zartbesaitetste Gemüt* usw.

33. Anschrift und Anrede von Amts- und Titelträgern

Frau
Prof. Dr. rer. nat. Wiebke Mölens
RWTH Aachen
Pauwelstraße 423
52074 Aachen

Sehr geehrte Frau Professor/Professorin
Sehr geehrte Frau Dr. Mölens

Grundsätzlich werden Titel, Berufs- und Amtsbezeichnungen hinter *Frau* bzw. *Herrn* geschrieben:

Frau Oberbürgermeisterin
Wiebke Mölens
Paulastraße 1 a
52070 Aachen

Die Berufsbezeichnung wird aber auch häufig in einer besonderen Zeile nachgestellt. Das gilt ebenso für Titel:

Frau
Wiebke Mölens
Oberbürgermeisterin
Paulastraße 1 a
52070 Aachen

Akademische Grade dagegen stehen vor dem Namen:

Frau
Dipl.-Ing. Wiebke Mölens
Mies-van-der-Rohe-Schlucht 4711
52066 Aachen

Die Bezeichnung *Professor* wird stets – abgekürzt – vor den Namen gesetzt wird:

Frau
Prof. Dr. Wiebke Mölens
RWTH Aachen
Pauwelstraße 423
52074 Aachen

In der Anrede ist zu unterscheiden, ob eher der/die Amts- bzw. Titelträger/-in gemeint ist oder eher die Person. Im ersten Fall wird die Amtsbezeichnung bzw. der Titel ohne den Personennamen verwendet:

Sehr geehrte Frau Oberbürgermeisterin, …
Sehr geehrte Frau Professorin / Frau Professor, …

Ist eher die Person gemeint, wird der Familienname ohne Amtsbezeichnung oder Titel verwendet, *Dr.* wird jedoch – so vorhanden – stets dazugesetzt:

Sehr geehrte Frau Mölens, …
Sehr geehrte Frau Dr. Mölens, …

Anmerkung: Hat sich jemand die Mühe gemacht, mehrere Doktortitel einzuheimsen, werden diese ohne Komma vor dem Namen aufgezählt: *Frau Dr.-Ing. Dr. phil. Wiebke Mölens.* Sind es mehr geworden, darf man das Ganze mit *Dr. mult.* (= doctor multiplex = vielfacher Doktor) abkürzen. Statt umständlich: *Frau Dr.-Ing. Dr. rer. oec. Dr. phil. Dr. med. Wiebke Mölens* heißt es schlicht: *Dr. mult. Wiebke Mölens.*

34. Die einen/Einen wollen, dass jeder Einzelne Verantwortung übernimmt, die anderen/Anderen, dass auch die Gemeinschaft etliches leistet

Groß- oder Kleinschreibung von Pronomen und unbestimmten Zahladjektiven

Zum einen ist *ein* in diesem Satz kein Pronomen, sondern ein Zahladjektiv; zum anderen aber werden unbestimmte Zahladjektive zum Teil wie Pronomen kleingeschrieben. Kleinschreibung ist für Pronomen auch dann der Normalfall, wenn sie für ein Substantiv stehen: *Da hätte mancher manches anders gemacht. Die anderen waren einfach pfiffiger. Es gibt solche und solche.*

Das gilt genauso für die den Pronomen nahe stehenden Zahladjektive *viel*, *wenig*, (der, die, das) *eine*, (der, die, das) *andere*: *Das ist zum einen viel, zum anderen eigentlich wenig, bedenkt man, was hätte zusammenkommen können.*

Doch es gibt auch hier eine Ausnahme: Wenn man Pronomen oder unbestimmte Zahladjektive substantivisch auffassen will, etwa wenn man sie in einem besonderen, quasi «philosophischen» Sinn verwendet, schreibt man sie groß. Gemeint ist, dass man solch ein Pronomen oder unbestimmtes Zahlwort dann wie ein Substantiv als Gattungsbezeichnung verwendet, etwa die Gattung des grundsätzlich ganz *Anderen* in den Blick nimmt: *das ganz Andere dieser Erklärung*. Weitere Beispiele: *Das Man hat die Dominanz des «Zunächst-und-zumeist»* (heideggerisch gesprochen). *Das Eine ist nicht etwa bloß weniger als das Viele, sondern kategorial davon zu unterscheiden* (aristotelisch gesprochen). *Die Einen sagen dies, die Anderen sagen das.*

Anmerkung: Achtung! Keine Pronomen, sondern Adjektive sind *einzelne/einzelner/einzelnes* und *einzige/einziger/einziges*. Sie werden daher durchwegs großgeschrieben, wenn sie substantivisch verwendet werden (auch in nichtphilosophischer Sprechweise): *Jeder Einzelne und jede Einzelne müssen wirklich engagiert mitziehen. Das ist das Einzige, das sicherzustellen in der Lage ist, einiges/etliches davon umsetzen zu können. Im Einzelnen werden wir ja noch einiges/etliches modifizieren müssen.*

35. Hier ist ja überhaupt nichts los[,] und wenn erst Heiner kommt, geht auch noch Maria. Wetten, dass[,] wenn die Staupe erst einmal behandelt ist, Rex ein prima Wachhund wird?

Kommasetzung bei aufeinander folgenden Konjunktionen

Betrachten wir zunächst folgenden Fall: An einen Hauptsatz wird mit einer nebenordnenden Konjunktion ein weiterer Hauptsatz angeschlossen. Diesem zweiten aber geht noch ein Nebensatz voran, der wiederum mit einer Subjunktion (einer unterordnenden Konjunktion) eingeleitet wird. In einem solchen Fall steht zwischen der nebenordnenden und der unterordnenden Konjunktion (Subjunktion) kein Komma. Also gibt es in den folgenden Beispielen weder zwischen *oder* und *falls* noch zwischen *und* und *wenn* ein Komma: *Wir tummeln uns erst mal im Thermalbad[,] oder falls es dort zu voll ist, findet ihr uns irgendwo in der Saunalandschaft. Hier ist ja überhaupt nichts los[,] und wenn erst Heiner kommt, geht auch noch Maria.* (Das Komma vor *oder* bzw. das vor *und* ist übrigens freigestellt.)

Ein anderer Fall ist der zweier aufeinander folgender Subjunktionen. Hier ist das Komma freigestellt: *Wetten, dass[,] wenn die Staupe erst einmal behandelt ist, Rex ein prima Wachhund wird?*

Anmerkung: Zwar ist bei zwei aufeinander folgenden Subjunktionen das Komma freigestellt, doch ist um der deutlicheren Gliederung des Satzes willen doch zu empfehlen, das Komma zu setzen: *Karlchen wusste, dass, wenn ihm das nicht gelänge, seine Felle bald gehörig ins Schwimmen gerieten.*

36. Schick mir doch ein/eine E-Mail mit Informationen über das/den Event und die verschiedenen Status der Event-Manager

Genus und Deklination von Fremdwörtern

Natürlich kann man auch *e-mailen*, statt sich den Kopf darüber zu zerbrechen, ob man *eine* oder *ein E-Mail* zu versenden gedenkt. Doch interessieren tät es einen trotzdem, das Genus (Geschlecht) von E-Mail. Allein: Bei Fremdwörtern herrscht da oft keine Eindeutigkeit. Manchmal braucht es seine Zeit, bis sich ein bestimmter Gebrauch durchsetzt. Bis dahin können zwei Genera für ein Wort im Umlauf sein, und es bleibt einem nichts anderes übrig, als in einem Wörterbuch nachzuschlagen. Da findet man dann z. B.: *die/das Mail* (*das* eher in Süddeutschland und Österreich), *das/der Event*, *das/der Default*, *der/die Place de la Concorde*, *das/der Curry*.

Eigenwillig zeigt sich auch der Genitiv des Fremdworts, zumindest bei den stark deklinierten Maskulina und Neutra: Meist weist er ein Genitiv-*s* auf: *des Managements*, *eines Events*, *des Leasings*, *des Defaults*, *des Cashflows*, *eines Providers*, *eines High Potentials*, *des Thinktanks*, *des Currys* usw.

Bei etlichen Fremdwörtern (oft bei weniger gebräuchlichen oder ungewöhnlich gebildeten) kann das Genitiv-*s* weggelassen werden: *des Carsharing[s]*, *des Know-how[s]*, *eines Crossmarketing[s]*, *eines Break-even-Point[s]* usw.

Bei komplizierteren Fügungen aus mehreren Wörtern setzt man grundsätzlich kein Genitiv-*s*: *des Learning by Doing* (*Learning on the Job*), *des State of the Art* (auch: *des State-of-the-Art*) usw.

Bei Fremdwörtern auf *-s[s]*, *-ß*, *-x* oder *-st* entfällt das Genitiv-*s*: *des E-Business*, *des Nemax* usw. Dies gilt vor allem für die Fremdwörter auf *-us*: *des Status*, *eines Habitus*, *des Radius*, *des Rhythmus*, *eines Cyberterrorismus*. Nur wenn das Wort schon eingedeutscht ist, endet es im Genitiv auf *-es*: *des Bosses*, *eines Busses*, *des Exzesses*, *eines Prozesses*, *des Komplexes*, *eines Konnexes*, *des Stresses*. Aber Achtung: Einige Wörter weisen sowohl den eingedeutschten gebeugten Genitiv auf als auch den ungebeugten: *eines Atlas/Atlasses*, *eines Globus/Globusses*, *des Diskus/Diskusses*, *eines Krösus/Krösusses*, *des Bonus/Bonusses*, *des Malus/Malusses*.

Im Plural gibt es gelegentlich Unsicherheiten bei Wörtern auf *-us*. Denn diese werden im Plural oft nach dem lateinischen Plural gebildet. Irrtümer können hier leicht auftreten, da die Nominativ-Endung *-us* im Lateinischen in der o-Deklination, in der u-Deklination und auch bei den Neutra der konsonantischen Deklination auftritt, der Plural aber in jeder dieser Deklinationen anders gebildet wird.

So kommt es, dass Wörter, die aus der lateinischen u-Deklination hergeleitet sind, wie *Flatus*, *Fundus*, *Hiatus*, *Kasus*, *Koitus*, *Lapsus*, *Nexus*, *Passus*, *Spiritus*, *Status*, *Usus* (selten im Plural), *Zensus* u. a. im Plural gleich geschrieben werden wie im Singular (gesprochen werden sie allerdings mit langem *u*).

Wörter, die aus der o-Deklination abgeleitet sind, enden dagegen im Plural auf *-i*: *Anus/Ani, Emeritus/Emeriti, Intimus/Intimi, Modus/Modi, Morbus/Morbi, Nukleus/Nuklei, Stimulus/Stimuli, Sympathikus/Sympathizi, Terminus/Termini, Tonus/Toni, Uterus/Uteri* u. a. (aber: *Abakus/Abakus, Campus/Campus, Lotus/Lotus*, obwohl im Lateinischen o-Deklination).

Stammen die Fremdwörter auf *-us* dagegen von Neutra der konsonantischen Deklination ab, enden sie auf *-ora* oder *-era*: *Corpus/Corpora, Korpus/Korpora, Genus/Genera, Opus/Opera, Tempus/Tempora, Ulkus/Ulzera* u. a.

Etliche Fremdwörter aus dem Lateinischen auf *-us* haben aber auch einen deutschen Plural: *Diskus / Disken* o. *Diskusse, Fetus / Feten* o. *Fetusse* (= *Fötus / Föten o. Fötusse*), *Fiskus / Fisken* o. *Fiskusse* (selten im Plural), *Nuntius/Nuntien, Korpus/Korpusse* (= Körper, Klangkörper bei Musikinstrumenten), *Krösus/Krösusse, Radius/Radien, Rhombus/Rhomben, Virus/Viren, Zyklus/Zyklen, Zirkus/Zirkusse* u. a.

Und natürlich darf die Gruppe nicht fehlen, deren Elemente sich sowohl von der lateinischen wie von der deutschen Pluralbildung beeindruckt zeigen: *Famulus / Famuli* o. *Famulusse, Filius / Filii* o. *Filiusse, Kosinus / Kosinus* o. *Kosinusse, Obolus / Obolus* o. *Obolusse, Phallus / Phalli* o. *Phallen* (auch möglich die altgriechische Version, dann nur altgriechischer Plural: *Phallos/Phalloi*), *Primus / Primi* o. *Primusse, Sinus / Sinus* o. *Sinusse, Sozius / Sozii* o. *Soziusse, Syndikus / Syndizi* o. *Syndikusse, Zirrus / Zirrus* o. *Zirren* u. a.

Anmerkung: Übrigens mag ein *Casus knacksus* ein Scherzausdruck sein. Aber auch ein Scherz will korrekt gebeugt werden. Und: Durchaus üblich und «seriös» sind parallele Fügungen wie die grammatischen Fachausdrücke *Casus obliquus* (für abhängige Fälle wie z. B. den Genitiv, Dativ oder Akkusativ) und *Casus rectus* (für unabhängige Fälle wie den Nominativ). Wie aber sieht es da mit dem Genitiv aus? Der alte Lateiner (und manch junger) wird wahrscheinlich eine Art lateinischen Genitivs erwarten, etwa: *Casus obliqui/recti*, aber im Genitiv Singular bleibt dieser «Fall» gänzlich unverändert: *des Casus obliquus/rectus* und dann natürlich auch: *des Casus knacksus*.

37. Wir folgen unserem Beppo, dem größten Clown der Hemisphäre, – er feiert gerade sein 25-jähriges Arenajubiläum – bei seinen Abenteuern mit einem Stuhl

Der Gedankenstrich in Verbindung mit anderen Satzzeichen

Grundsätzlich gilt: Paarige Gedankenstriche verändern die sonstige Zeichensetzung nicht: *Wenn ihr wollt, besuchen wir heute Abend das Völkerkundemuseum.* → *Wenn ihr wollt – und auch könnt –, besuchen wir heute Abend das Völkerkundemuseum.*

Dr. Karstens-Weil sagte ganz deutlich, dass ihr diese sprachanalytische Pseudoherleitung mehr als suspekt erscheint. → *Dr. Karstens-Weil sagte ganz deutlich – bzw. schrieb sie dies –, dass ihr diese sprachanalytische Pseudoherleitung mehr als suspekt erscheint.*

Verächtlich äußerte sich der Bundestagsabgeordnete: «Mit Verlaub, Herr Bundestagspräsident, Sie sind ein Arschloch.» → *Verächtlich äußerte sich der Bundestagsabgeordnete – und tat dabei äußerst kontrolliert –: «Mit Verlaub, Herr Bundestagspräsident, Sie sind ein Arschloch.»*

Der in paarige Gedankenstriche eingeschlossene Satz bzw. das eingeschobene Satzglied wird zwar nie durch einen Punkt abgeschlossen, doch ist ein Ausrufe- oder Fragezeichen denkbar:

In dieser Angelegenheit – auch in jeder anderen – hält Frau Dr. Karstens-Weil Sie für völlig inkompetent.
In dieser Angelegenheit – auch in jeder anderen! – hält Frau Dr. Karstens-Weil Sie für völlig inkompetent.
In dieser Angelegenheit – auch in jeder anderen? – hält Frau Dr. Karstens-Weil Sie für völlig inkompetent.

Folgt der in paarige Gedankenstriche eingeschlossene Satz bzw. das eingeschlossene Satzglied einer nachgestellten Apposition oder einer nachgestellten genaueren Bestimmung, setzt man das Komma, das diese Apposition bzw. Bestimmung abschließt, in der Regel vor den ersten Gedankenstrich:

Das Sportgerichtsverfahren wird für Bernie Bein, den Kapitän des ZSV, – man hatte dem Mittelfeldmann ja nie solch eine Verfehlung zugetraut – eine sehr unangenehme Veranstaltung werden.

Die Heinz Stark AG, Velbert, – das Unternehmen spielte in den

Weltkriegen eine nicht gerade rühmliche Rolle – engagiert sich auch im Kultur-Sponsoring.

Wir folgen unserem Beppo, dem größten Clown der Hemisphäre, – er feiert gerade sein 25-jähriges Arenajubiläum – bei seinen Abenteuern mit einem Stuhl.

Wenn sich der Einschub allerdings ausschließlich auf die Apposition bzw. die nachgestellte genauere Bestimmung bezieht, steht das entsprechende Komma erst nach dem zweiten Gedankenstrich:

Das Sportgerichtsverfahren wird für Bernie Bein, den Kapitän des ZSV – genauer gesagt: den Ex-Kapitän des ZSV –, eine sehr unangenehme Veranstaltung werden. Die Friedrich Krupp AG, Essen – die Stadt insgesamt arbeitet hart am Strukturwandel –, engagiert sich auch im Kultur-Sponsoring. Wir folgen unserem Beppo, dem größten Clown der Hemisphäre – und ist Hemisphäre nicht zu wenig gesagt? –, bei seinen Abenteuern mit einem Stuhl.

Anmerkung: Der paarige Gedankenstrich kann auch durch das paarige Komma oder durch Klammern ersetzt werden. Je nach Zeichenpaar wird ein anderer Grad der Hervorhebung erreicht. Am schwächsten hebt man den Einschub hervor, wenn man ihn in Klammern setzt (eher eine beiläufige Erwähnung), am stärksten, wenn man ihn in Gedankenstriche setzt.

38. Probleme der sich niedergelassen habenden Gäste mit den niedergelassenen Ärzten

Partizip II als Attribut

Es kommt bisweilen vor, dass einem etwas abgenommen wird: Geld etwa oder auch die dreisteste Behauptung. Dann ist das *abgenommene Geld* wie auch die *abgenommene Behauptung* völlig in Ordnung. Grammatisch. Denn das Partizip II (= *abgenommen*) von einem transitiven (= mit Akkusativobjekt) und damit passivfähigen Verb kann ohne weiteres wie ein Adjektiv als Attribut zu einem Substantiv gesetzt werden.

Nicht korrekt ist es allerdings, wenn das Geld von selbst abnimmt und man in diesem Falle ebenfalls vom **abgenommenen Geld* spricht. Denn hier wird *abnehmen* intransitiv (= ohne Akkusativobjekt) verwendet: *Das Geld nimmt ab. / Das Geld hat abgenom-*

men. In dieser Verwendung ist *abnehmen* nicht passivfähig und das Partizip II als Attribut (so) nicht verwendbar (allenfalls die mühsame aktivische Konstruktion: *das abgenommen habende Geld*). In diesem Sinne hüte man sich vor bereits **stattgefundenen*, immer mehr **Platz gegriffenen* und **überhand genommenen* falschen Verwendungen des Partizips II.

Auch das Partizip II von reflexiven Verben (*sich schämen*, *sich zuziehen*, *sich ereignen* usw.) ist als Attribut ungeeignet: **der geschämte Lektor*, **die ereigneten Unwetter*, **der zugezogene Bänderriss*. Wie steht es aber um die *niedergelassenen Ärzte*? Eher schlecht. Diese und überhaupt *geeignete Ärzte* dürfte es nach obiger Vorgabe gar nicht geben, denn *sich niederlassen* und *sich eignen* sind reflexive Verben. Dennoch ist weder gegen *niedergelassene* noch gegen *geeignete Ärzte* – grammatisch – etwas einzuwenden. Denn etliche Partizipien werden infolge eines Bedeutungswandels (*der abgefahrene Altrocker*) oder weil kein konjugierbares Verb (mehr) zu Grunde liegt (*die besorgten Eltern*) mittlerweile als zu Adjektiven geronnen, erstarrt aufgefasst. Sie gelten als lexikalisiert, etwa: *niedergelassen*, *geeignet*, *abgefahren*, *besorgt*, *verliebt*, *besoffen*, *erfahren*, *ausgeschlafen*, *untergegangen* usw.

Anmerkung: Menschlich wie grammatisch noch interessanter als *niedergelassene* sind *heruntergekommene Ärzte*. Sie sind einerseits im übertragenen Sinne grammatisch hinnehmbar, weil über Bedeutungswandel lexikalisiert, andererseits aber auch im wörtlichen: Denn die (vom Olymp der Halbgötter in Weiß auf den Boden der harten Realitäten) *heruntergekommenen Ärzte* tun dies zwar mit Hilfe des intransitiven Verbs *herunterkommen*, das aber resultativ verwendet ist, d. h. zeitlich abgeschlossen. Das macht den attributiven Gebrauch wieder akzeptabel.

39. 3 Gramm Parfüm, auf fünf Elefanten verteilt, verursachen immer noch Ohnmacht

Numeruskongruenz bei Messgrößen mit Stoffbezeichnung

3 Gramm an sich verursachen wohl weder Ohnmacht noch sonst etwas (außer Nachfragen). Und auch das Parfüm als solches dürfte kaum Ohnmacht zeitigen. Es ist halt die Kombination von beiden.

Grammatisch ist die singularische Stoffbezeichnung *Parfüm* in dieser Kombination allerdings nur ein Attribut. Entscheidend für die Frage, ob *verursacht* (Singular) oder *verursachen* (Plural) angebracht ist, sind allein die *3 Gramm*. Und die sind nun einmal zu mehreren, im Plural also. Daher: *3 Gramm Parfüm, auf fünf Elefanten verteilt, verursachen immer noch Ohnmacht.*

Allerdings würde für unser Parfümbeispiel im Allgemeinen auch der Singular ohne allzu großes Murren akzeptiert: *3 Gramm Parfüm, auf fünf Elefanten verteilt, verursacht immer noch Ohnmacht.*

Anmerkung: Ganz und gar nicht mehr akzeptabel wäre der Singular, wenn auch die Stoffbezeichnung im Plural stünde. Nur: *3 Gramm Rosenessenzen, auf fünf Elefanten verteilt, verursachen immer noch Ohnmacht*, während umgekehrt zwar: *1 Gramm Rosenessenzen, auf fünf Elefanten verteilt, verursacht immer noch Ohnmacht* korrekt ist, aber auch akzeptiert würde: *1 Gramm Rosenessenzen, auf fünf Elefanten verteilt, verursachen immer noch Ohnmacht.*

40. Wegen folgender interessanten/interessanter Dossiers muss der Redakteur selbst nach Maastricht

Starke oder schwache Deklination nach *folgend*

Ein Adjektiv oder Partizip nach *folgend* dekliniert man im Singular in der Regel wie nach einem Pronomen schwach: *folgendes illustre Beispiel, folgender kulante Vorschlag, mit folgendem einprägsamen Satz.*

Im Plural dekliniert man dagegen meist stark wie nach Adjektiven ohne vorangehendes Pronomen: *folgende illustre Beispiele, auf Grund folgender kulanter Vorschläge, wegen folgender einprägsamer Sätze, mit folgenden einsehbaren Regeln.*

Anmerkung: Allerdings wird im Plural gelegentlich, vor allem im Genitiv, auch die schwache Deklination verwendet: *folgende illustren Beispiele, auf Grund folgender kulanten Vorschläge, wegen folgender einprägsamen Sätze.*

41. Diese Laverda ist eines der heißesten Geräte, die du je gesehen hast

Bezug des Relativpronomens

Nicht nur im Beruf gilt: Die Bezüge müssen stimmen. Das gilt auch in der Grammatik. Doch worauf bezieht sich in einem Ausdruck wie: *eines der heißesten Geräte, das/die du je gesehen hast* das Relativpronomen, auf *Geräte* oder auf *eines*? Das wird sofort klar, wenn man das Ganze umformuliert, statt des Genitivattributs ein Präpositionalattribut verwendet: *Das ist eines von den heißesten Geräten …* und dann noch umstellt: *Von den heißesten Geräten, die du je gesehen hast, ist das eines.* Das Relativpronomen bezieht sich in solchen Fällen stets auf das Wort im Plural. Dieser Bezug bleibt natürlich der gleiche, wenn man statt des Präpositionalattributs wieder das Genitivattribut einsetzt: *Das ist eines der heißesten Geräte, die du je gesehen hast.*

42. Gehege mit und ohne Rehe

Rektion bei mehreren Präpositionen

Nicht selten werden Rehe ja in einem Gehege gehalten, wo sie sich auch schon einmal ins selbige kommen. Dasselbe passiert selbst Präpositionen. Die kommen sich nämlich schon bei der schlichten Frage ins Gehege, ob man nun ein solches *mit oder ohne Rehe[n]* vor sich hat.

Denn *mit* regiert den Dativ: *mit Rehen*, *ohne* aber den Akkusativ: *ohne Rehe.* Wie sollen sich da die von unterschiedlichen Imperativen regierten Rehe verhalten? Sie könnten natürlich beiden Herren gerecht werden: *mit Rehen oder ohne Rehe.* Das ist korrekt und einzuwenden ist dagegen nichts, außer dass solch allgemeine Willfährigkeit durch eine gewisse Umständlichkeit bestraft wird. Ökonomischer wäre eine Hierarchisierungsregel, die uns die Rehdopplung ersparte. Und eine solche gibt es durchaus: Geraten nämlich die Rektionen zweier oder mehrerer Präpositionen in Konflikt, setzt sich die Rektion derjenigen Präposition durch, die dem Substantiv am nächsten steht: *mit oder ohne Rehe.* Entsprechend: *ohne oder mit Rehen, durch oder auch entgegen anders lautenden Berichten / entgegen oder auch durch anders lautende Berichte, in und um Kleinstädte / um und in Kleinstädten.*

Bisweilen stimmen die Endungen trotz unterschiedlicher Fälle überein. Dann löst sich das Problem von selbst: *in und um Fußballstadien / um und in Fußballstadien.*

Anmerkung: Will man allerdings Artikel oder Pronomen verwenden, wird es bei unterschiedlichen Rektionen auf jeden Fall unelegant: *in solchen und um solche Fußballstadien/Kleinstädte, mit den oder ohne die Rehe.* Solche Konstruktionen sollte man meiden.

43. Über ein persönliches Gespräch freute ich mich sehr / Über ein persönliches Gespräch würde ich mich sehr freuen

Die Umschreibung mit *würde* statt Konjunktiv II

«Da staunt der Laie und der Fachmann wundert sich», kommentiert man gerne Unerklärliches. Was allerdings die Formen mit *würde* und Infinitiv (*Das würde ich so nicht sagen*) angeht, ist selbst der Fachmann dem Stadium des Staunens noch nicht entwachsen. Denn so richtig haben die Grammatiker den Status dieser Konstruktionen bisher nicht verstanden (und daher auch nicht erklären können).

Was kann man ganz pragmatisch zur Verwendung dieser Konstruktion sagen? Wann wird sie akzeptiert, wann nicht?

Üblich ist *würde* und Infinitiv als Ersatz für den Konjunktiv II, wenn die Konjunktiv-II-Form mit der Form des Präteritums übereinstimmt und es dadurch zu Unklarheiten oder Missverständnissen kommen könnte. Bei den regelmäßigen Verben gilt dies für alle Konjunktiv-II- und Präteritum-Formen. Daher besser: *Über ein persönliches Gespräch würde ich mich sehr freuen.* Eher nicht: *Über ein persönliches Gespräch freute ich mich sehr.* (Aber, da erkennbare Konjunktiv-II-Form: *Wenn wir kämen, gäbe es doch nur Ärger.*) Zudem stimmen bei unregelmäßigen Verben, die im Präteritum-Stamm *-i-* oder *-ie-* enthalten, die erste und dritte Person Plural (*wir* und *sie*) im Konjunktiv II und im Präteritum überein. Daher besser: *Wir würden solche Geschäftsverbindungen meiden.* Eher nicht: *Wir mieden solche Geschäftsverbindungen.*

Ebenso üblich und akzeptiert ist *würde* und Infinitiv als Ersatz von etwas altertümlich bzw. gespreizt wirkenden Konjunktiv-II-Formen. Daher besser: *Wir würden schon gehobenere Umgangsformen pflegen, wenn das jemand anerkennen würde.* Eher nicht: *Wir pflögen schon gehobenere Umgangsformen, wenn das jemand anerkennte.* Was als «gespreizt» oder «altertümlich» empfunden wird, ist natürlich nicht so eindeutig. Einig werden könnte man wohl leicht hinsichtlich der Gespreiztheit von: *beföhle/befähle*, *bärste*, *drösche/dräsche*, *göre*, *höbe/hübe*, *lüde*, *mölke*, *schölle*, *tröffe*, *wränge* u. a. Als durchaus nicht gespreizt werden im Allgemeinen empfunden: *fände*, *gäbe*, *käme*, *bekäme* u. a.

Der Konjunktiv II bezeichnet meist das Nicht-Wirkliche, das Irreale. Auch das Noch-nicht-Wirkliche, das Zukünftige, gehört zum Nicht-Wirklichen. Will man diese Art des Irrealen, den Aspekt des Zukünftigen, herausstreichen, verwendet man ebenfalls gern *würde* und Infinitiv (statt des auch möglichen Konjunktivs II): *Würde ich nächstes Jahr nach Rostock gehen, wäre ein Hauskauf zu erwägen.* (Auch möglich – das Zukünftige nicht ganz so hervorgehoben: *Ginge ich nächstes Jahr nach Rostock, wäre ein Hauskauf zu erwägen.*)

Aus klanglichen Gründen schreckt man vor dem Konjunktiv Futur des Vollverbs *werden* (*werden werde*) zurück sowie vor dem Konjunktiv Futur Passiv (*gegrüßt werden werde*) und verwendet stattdessen den *würde*-Konjunktiv. Daher besser: *Arnie ging davon aus, dass er Gouverneur werden würde. Beate hoffte, dass sie irgendwann einmal wieder von Rolf gegrüßt werden würde.* Eher nicht: *Arnie ging davon aus, dass er Gouverneur werden werde. Beate hoffte, dass sie irgendwann einmal wieder von Rolf gegrüßt werden werde.* Aber: *Arnie ging davon aus, er werde Gouverneur werden. Beate hoffte, sie werde irgendwann einmal wieder von Rolf gegrüßt werden.*

Weist das in der indirekten Rede Ausgesagte auf Zukünftiges und steht das Verb des übergeordneten Satzes, das die Rede einleitet, im Präteritum, Perfekt oder Plusquamperfekt, wird neben der Form des Konjunktivs Futur (*werden* und Infinitiv) häufig auch *würde* und Infinitiv verwendet: *Ab wann war dir denn klar, dass die Angelegenheit einen solch angenehmen Ausgang nehmen werde? / Ab wann war dir denn klar, dass die Angelegenheit einen solch angenehmen Ausgang nehmen würde?*

Und wann ist *würde* und Infinitiv unangebracht?

In informellen Zusammenhängen wird *würde* und Infinitiv oft als Ersatz für den Konjunktiv I in der indirekten Rede eingesetzt. Das ist im Schriftlichen nicht üblich. Daher: *Die Abteilungsleiterin erklärte, dass sie nicht bedingungslos an diesem Posten hänge/hing/hängt*. (Zur Zeitenfolge in der indirekten Rede siehe Fehler 72.) Eher nicht: *Die Abteilungsleiterin erklärte, dass sie nicht bedingungslos an diesem Posten hängen würde*.

Allerdings ist *würde* und Infinitiv in der indirekten Rede durchaus angebracht, wenn schon die entsprechende direkte Rede einen Konjunktiv II enthielte. Etwa: *Die Abteilungsleiterin erklärte, dass sie nicht so auf die Verkäuferin eindreschen würde* (oder: *eindrösche*), *wenn diese nicht eine notorische Wiederholungstäterin wäre*. Denn: *Die Abteilungsleiterin erklärte: «Ich würde nicht so auf die Verkäuferin eindreschen, wenn diese nicht eine notorische Wiederholungstäterin wäre.»*

Anmerkung: Bei folgenden Verben ist die Konstruktion *würde* und Infinitiv unüblich: *sein*, *werden*, *haben*, *müssen*, *dürfen*, *können*, *sollen*. Üblich: *Was wäre, wenn?* Nicht üblich: *Was würde sein, wenn?* Üblich: *Da würdest auch du zum Tier*. Nicht üblich: *Da würdest auch du zum Tier werden*. Üblich: *Das könnte ich niemals*. Unüblich: *Das würde ich niemals können*. Üblich: *Und was hätte ich davon?* Unüblich: *Und was würde ich davon haben?*

44. *Viola schwieg so eisern, als sei/wäre ihr der Mund zugeklebt worden*

Indikativ, Konjunktiv I oder II

«Wenn es aber Wirklichkeitssinn gibt, […] dann muss es auch etwas geben, das man Möglichkeitssinn nennen kann», ließ Robert Musil seinen Mann ohne Eigenschaften sinnieren. In der Sprache haben wir längst eine solche Unterscheidung, nämlich den Indikativ, die Wirklichkeitsform, und den Konjunktiv, die Möglichkeitsform. Aber beim Konjunktiv ist es gar nicht so einfach, den Rahmen seiner Möglichkeiten abzustecken, und allzu leicht gerät man ins Unmögliche, vor allem weil es im Deutschen zwei Möglichkeitsformen gibt: den Konjunktiv I und den Konjunktiv II. Wann verwendet man welchen?

Konjunktiv I

Im Hauptsatz Im Hauptsatz verwendet man den Konjunktiv I kaum, allenfalls in Wunsch- oder Aufforderungssätzen. Am häufigsten noch werden *sein* und die Modalverben *mögen*, *sollen* und *wollen* im Hauptsatz in den Konjunktiv I gesetzt, seltener Vollverben: *Hilfreich sei der Mensch, edel und gut. Man möge ihr verzeihen. Das wolle Gott verhüten! Man nehme drei Tropfen jeweils zu den Hauptmahlzeiten. Sie lebe hoch, sie lebe hoch!*

Im Nebensatz Hauptsächlich findet sich der Konjunktiv I in Nebensätzen, und zwar in

- Wunschsätzen
- Finalsätzen
- der indirekten Rede

Ein Wunschsatz dieser Art hängt von einem übergeordneten Satz ab, der ein Verb oder ein Substantiv enthält, das einen Wunsch (Bitte, Aufforderung) ausdrückt. Er wird entweder durch die Subjunktion *dass* eingeleitet oder ist subjunktionslos und enthält dafür das Modalverb *mögen*: *Martha wünschte sich so sehr, dass Robert endlich Erfolg beschieden sei. Marthas Wunsch, dass Robert endlich Erfolg beschieden sei, ging zu seinen Lebzeiten nicht in Erfüllung. Martha wünschte sich so sehr, Robert möge endlich Erfolg beschieden sein. Marthas Wunsch, Robert möge endlich Erfolg beschieden sein, ging zu seinen Lebzeiten nicht in Erfüllung.*

Ein Finalsatz wird durch die Subjunktion *damit* (manchmal auch durch *dass* oder *auf dass*) eingeleitet. Hier kann man den Konjunktiv I verwenden, muss dies aber nicht tun: *Dr. Martens wollte reich werden, auf dass sich so die Gnade Gottes an ihm beweise/beweist. Angeblich geht sie zur Schule, damit sie fürs Leben lerne.* (In informellen Zusammenhängen werden auch der Konjunktiv II oder die Umschreibung mit *würde* verwendet.)

Am häufigsten findet sich der Konjunktiv I allerdings in der indirekten Rede. Ist sie uneingeleitet, ist der Konjunktiv I obligatorisch: *Die Demonstranten erzählen, die Einsatzleitung werde die Wasserwerfer sofort abziehen. Der alte Büchsenmacher sagte, er habe den Lauf unverständlicherweise arg verzogen.* (In informellen Zusammenhängen, z.B. im Mündlichen, werden auch der Konjunktiv II oder die Umschreibung mit *würde* verwendet.)

Wenn die indirekte Rede durch *dass* eingeleitet wird, hängt der Modus von der Faktizität des Verbs im übergeordneten Satz ab.

Faktiv nennt man Verben, deren Gebrauch voraussetzt, dass der Autor vom Wahrheitsgehalt des *dass*-Satzes überzeugt ist. So ist *wissen* ein faktives Verb: *Der Broker weiß, dass Herr d'Alquen einen entscheidenden Fehler gemacht hat.* Derjenige, der den Satz über den Broker formuliert, ist der Überzeugung, dass Herr d'Alquen tatsächlich einen entscheidenden Fehler gemacht hat.

Bei nichtfaktiven Verben bleibt die Stellungnahme zum Wahrheitsgehalt des *dass*-Satzes offen. So ist *glauben* ein nichtfaktives Verb: *Mancher Indianer glaubt, dass er in die ewigen Jagdgründe eingehen wird/werde.* Der Autor dieses Satzes lässt offen, ob Indianer nun in die ewigen Jagdgründe eingehen oder nicht.

Ob nun solch ein Verb, von dem ein *dass*-Satz als direktes Objekt abhängig sein kann, faktiv ist oder nicht, lässt sich testen. Man kann nämlich ausprobieren, ob das in Frage stehende Verb statt des *dass*-Satzes auch einen indirekten Fragesatz binden könnte. Faktive Verben können das, nichtfaktive jedoch nicht. Ohne weiteres kann man sagen: *Der Broker weiß, warum/ob/inwiefern/... Herr d'Alquen einen entscheidenden Fehler gemacht hat.* Aber mit einem nichtfaktiven Verb wie *glauben* geht das nicht: **Mancher Indianer glaubt, warum/ob/inwiefern/... er in die ewigen Jagdgründe eingehen wird/werde.*

Wenn im übergeordneten Satz ein faktives Verb verwendet wird, kann der *dass*-Satz nur im Indikativ stehen: *Die Revisoren stellten fest, dass der Prokurist erstklassig bilanziert hat.*

Wird im übergeordneten Satz aber ein nichtfaktives Verb eingesetzt, können im *dass*-Satz sowohl der Konjunktiv I (in informellen Zusammenhängen, z. B. im Mündlichen, auch der Konjunktiv II oder die Umschreibung mit *würde*) als auch der Indikativ stehen: *Die Demonstranten erzählen, dass die Einsatzleitung die Wasserwerfer sofort abziehen werde/wird. Der alte Büchsenmacher glaubt, dass er den Lauf arg verzogen habe/hat.*

Konjunktiv II

In der indirekten Rede Der Konjunktiv II steht in der indirekten Rede als Ersatz für Konjunktiv-I-Formen, die sich nicht von den entsprechenden Indikativformen unterscheiden: *Politiker säßen*

Probleme zu oft aus, statt sie zu lösen, ist ein weit verbreitetes Vorurteil. Ich will nicht behaupten, wir böten auch solche Lösungen an.

Zudem wird die 2. Person Plural des Konjunktivs I von *sein* gern durch den Konjunktiv II ersetzt, obwohl sich die Konjunktiv-I-Form deutlich von der Indikativform unterscheidet: *Man sagt, ihr wäret* (seltener das eigentlich korrekte *seiet*) *schlechte Zeugen gewesen.*

Der dritte Spielplatz des Konjunktivs II in der indirekten Rede hat sein Fundament in der entsprechenden direkten Rede. Wenn dort nämlich bereits der Konjunktiv II angebracht ist, muss er auch in der indirekten Rede verwendet werden. Direkte Rede: *Anja klagt: «Hättest du mich damals wirklich geliebt, gäbe es diese missliche Lage heute überhaupt nicht.»* → Indirekte Rede: *Anja klagt, dass es diese missliche Lage heute überhaupt nicht gäbe, wenn er sie damals wirklich geliebt hätte.* Oder: Direkte Rede: *Der Polier poltert: «Wenn ich diese Tollpatsche einstellen würde, könnte ich mir ja gleich selbst die Papiere geben.»* → Indirekte Rede: *Der Polier poltert, dass, wenn er diese Tollpatsche einstellen würde, er sich ja gleich selbst die Papiere geben könnte.*

In informellen Zusammenhängen, z. B. im Mündlichen, wird der Konjunktiv II in gleicher Weise wie der Konjunktiv I in der indirekten Rede eingesetzt: *Du behauptest ja immer, dass das überhaupt nicht ginge / gehen würde* (statt: *gehe*).

Im Hauptsatz Im Hauptsatz sind die Einsatzgebiete des Konjunktivs II der irreale Aussage-, Frage- und Wunschsatz.

Im irrealen Aussagesatz wird nichts Wirkliches, sondern bloß Mögliches ausgesagt. Nicht untypisch für solche Sätze ist die Verwendung von Adverbien wie *beinahe*, *fast*, *sicherlich*, *vermutlich*, *vielleicht*, *wahrscheinlich* u. a.: *Ein solches Manöver des Generalunternehmers hätte unseren Familienbetrieb sicherlich in den Bankrott getrieben. Das wäre fast in die Hose gegangen. Das hätte ich nicht gedacht.*

So etwas kann man natürlich auch in Frageform äußern. Dann handelt es sich um einen irrealen Fragesatz: *Wäre das in die Hose gegangen? Hättest du das gedacht?*

Daneben wird der Konjunktiv II – ob in Aussage oder Frage – häufig eingesetzt, um eine gewisse Vorsicht, Zurückhaltung oder Höflichkeit zum Ausdruck zu bringen: *Das würde ich mir gern noch einmal näher ansehen. Ich wüsste schon, was zu tun wäre, wenn das meiner wäre. Wärst du so gut, mir die Leiter zu halten?*

Auch wird der Konjunktiv II eingesetzt, um

- auszusagen, dass etwas nur mit Mühe bzw. knapp erreicht wurde: *Uff, das wäre geschafft!*
- in einer Frage Zweifel oder Zögern zu vermitteln: *Sollte ich mich so geirrt haben? Wäre das tatsächlich denkbar?*
- einen Vorbehalt zu äußern: *Das wäre in der Tat bemerkenswert. Ich – ein Frauenheld? Schön wär's ja.*
- eine zu eindeutige Festlegung zu umgehen: *So müsste sich das Phänomen in die Theorie einpassen lassen.*

Irreale Wunschsätze haben einerseits Nebensatzform (Konditionalsatz mit *wenn* oder ohne Subjunktion, aber Finitum in Spitzenstellung), sind andererseits aber nicht von einem übergeordneten Satz abhängig, so dass sie selbst als Hauptsätze gelten müssen. Nicht untypisch ist die Verwendung von Adverbien wie *bloß*, *doch* oder *nur*. Sie drücken einen als unerfüllt oder unerfüllbar angesehenen Wunsch aus: *Wenn ich doch bloß den Schlüssel eingesteckt hätte! Wenn das Spiel doch nur eine Stunde später angepfiffen würde! Käme doch nur die Erleuchtung über diese Ignoranten!*

Im Nebensatz Bei den Nebensätzen im Konjunktiv II sind zu unterscheiden

- der irreale Bedingungssatz
- der irreale Konzessivsatz
- der irreale Konsekutivsatz

Im irrealen Bedingungssatz wird eine nichtwirkliche, nur gedachte Bedingung genannt, die hinreichend (gewesen) wäre, einen gedachten Sachverhalt zu realisieren: *Es käme auf jeden Fall schlimmer, wenn wir nichts täten. Wenn du geschwiegen hättest, hättest du weiterhin als Philosoph gegolten.* (= Si tacuisses, philosophus mansisses.) Als Sonderform des irrealen Bedingungssatzes formuliert der Exzeptivsatz eine nichtwirkliche, nur gedachte Bedingung, die nicht hinreichend (gewesen) wäre, einen gedachten Sachverhalt zu realisieren, sondern hinreichend, dessen Eintreten zu verhindern. Man kann sich solche Sätze entstanden denken als Transformation von Bedingungssätzen mit *wenn* im Indikativ zu subjunktionslosen Sätzen im Konjunktiv II: *Wenn ich nicht auf der Stelle ein Himbeereis bekomme, geschieht ein Unglück.* → *Es geschieht ein Unglück, ich bekäme denn ein Himbeereis.* Oder – etwas geläufiger: *Es geschieht ein Unglück, es sei denn, ich bekäme ein Himbeereis.*

Im irrealen Konzessivsatz dagegen wird eine nichtwirkliche, nur gedachte Bedingung genannt, die n i c h t hinreichte, einen gedachten Sachverhalt zu realisieren. Eingeleitet werden solche Nebensätze mit *auch wenn*, *wenn auch*, *selbst wenn* oder *und wenn*: *Selbst wenn man mir Käsekuchen bieten würde, käme ich nicht zurück!*

Mit dem irrealen Konsekutivsatz wird die Folge eines Sachverhaltes wiedergegeben, die gerade nicht eintritt (eintreten wird / eingetreten ist). Eingeleitet wird ein solcher Konsekutivsatz mit *dass*, *als dass* oder *ohne dass*. Im Hauptsatz finden sich häufig die Korrelate *so* oder *zu*: *Der Professor war so zerstreut, dass er fast das Telefonbuch vertont hätte. Es gibt kaum etwas so Schlimmes, als dass sich nicht noch Schlimmeres finden ließe. Es passiert hier nichts, ohne dass der Boss davon erführe.*

Sowohl Konjunktiv II als auch Indikativ Wird ein irrealer Konsekutivsatz mit *ohne dass* eingeleitet, kann sowohl der Konjunktiv II als auch der Indikativ verwendet werden: *Es passiert hier nichts, ohne dass der Boss davon erführe/erfährt. Er jubelte, ohne dass irgendjemand gewusst hätte / gewusst hat / wusste warum.*

Sowohl Konjunktiv I als auch Konjunktiv II möglich Sowohl Konjunktiv I als auch Konjunktiv II sind möglich beim

- modalen Relativsatz
- Inhaltssatz mit *als* oder *als ob*

Modale Relativsätze gehören entweder als Attributsatz zu einer Modalangabe (Frage: wie?) oder sie sind selbst diese Modalangabe. Eingeleitet werden sie mit *als*, *als ob*, *als wenn*, *wie wenn*. Der Konjunktiv II ist häufiger, Konjunktiv I aber auch möglich: *Es hallte dumpf, als ob die Gegend voll Watte gestopft wäre/sei; Viola schwieg so eisern, als wäre/sei ihr der Mund zugeklebt worden* (Modalangabe mit Attributsatz). *Es hallte, als ob die Gegend voll Watte gestopft worden wäre/sei; Viola schwieg, als wäre/sei ihr der Mund zugeklebt worden* (Relativsatz als Modalangabe).

Mit dem modalen Relativsatz leicht zu verwechseln ist der Inhaltssatz mit *als*- oder *als-ob*-Anschluss, der ebenfalls normalerweise im Konjunktiv II steht, ohne dass der Konjunktiv I ganz ausgeschlossen ist (sogar Indikativ kommt vor – noch seltener als Konjunktiv I):

Die neue Controllerin will wohl den Eindruck vermitteln, als könnte/könne/kann sie kein Wässerchen trüben / als ob sie kein Wässerchen trüben könnte/könne/kann.

Den modalen Relativsatz und den Inhaltssatz mit *als* oder *als ob* kann man dadurch voneinander unterscheiden, dass man

- beim modalen Relativsatz *als* bzw. *als ob* durch eine Konstruktion mit *wie … wenn* ersetzen kann, was beim Inhaltssatz nicht gelingt: *Es hallte [dumpf], wie es hallt / hallen würde, wenn die Gegend voll Watte gestopft worden ist/wäre. *Die neue Controllerin will wohl den Eindruck erwecken, wie sie den Eindruck erweckt, wenn sie kein Wässerchen trüben kann.*
- beim Inhaltssatz *als* bzw. *als ob* durch *dass* ersetzen kann, was beim modalen Relativsatz nicht funktioniert: *Die neue Controllerin will wohl den Eindruck erwecken, dass sie kein Wässerchen trüben kann. *Es hallte [dumpf], dass die Gegend voll Watte gestopft worden ist.*

Anmerkung: Ein schönes Beispiel für den irrealen Bedingungssatz ist Heinz Erhardts Gedicht «Der Berg»:

«Hätte man sämtliche Berge der ganzen Welt
Zusammengetragen und übereinander gestellt
Und wäre zu Füßen dieses Massivs
Ein riesiges Meer, ein breites und tiefs
Und stürzte dann unter Donnern und Blitzen
D e r Berg in dieses Meer – na, das würd' spritzen!»

45. Behandlung gemäß seinem alten Leitspruch

Rektion von Präpositionen

Ein Fehler, der sich immer wieder einschleicht, betrifft die Rektion von Präpositionen. Einige Präpositionen, die eigentlich den Dativ fordern, werden häufig mit dem Genitiv versehen. Falsch: **entgegen anders lautender Nachrichten*, **gemäß seines alten Leitspruches*, **entsprechend des von allen zu beachtenden Regelwerks*, **mitsamt seines gesamten Gefolges*. Richtig: *entgegen anders lautenden Nachrichten, gemäß seinem alten Leitspruch, entsprechend dem von allen zu beachtenden Regelwerk, mitsamt seinem gesamten Gefolge.*

Allerdings gibt es eine Reihe von Präpositionen, die unterschiedliche Fälle regieren.

Bei einer Gruppe von Präpositionen hängt der Fall davon ab, ob es sich bei der Präpositionalgruppe um eine Lage- oder um eine Richtungsangabe handelt. Es sind dies Präpositionen wie: *an*, *auf*, *hinter*, *in*, *neben*, *über*, *unter*, *vor*, *zwischen*. Als Lageangabe (Frage: wo?) verwendet, regieren diese Präpositionen den Dativ: *Wir lungerten an der Theke herum. Gestern standen wir hart am Abgrund, heute sind wir aber einen Schritt weiter. Die Jogger liefen im Wald zwischen den Bäumen. Er stand da wie ein Ochs vor dem Tore.* Als Richtungsangabe (Frage: wohin?) verwendet, regieren die gleichen Präpositionen aber den Akkusativ: *Wir setzen uns an die Theke. Die Jogger liefen in den Wald zwischen die Bäume. Der Bauer schüttete das Ganze vor die Mischmaschine.*

Bei anderen Präpositionen schwankt der Gebrauch, ohne dass ihre Funktion oder Bedeutung sich veränderten. Dazu zählen

- *außer*, normalerweise mit Dativ: *Außer dem Ring ist ihr nichts geblieben*; *ich bin völlig außer mir*, bei bestimmten Verben der Bewegung mit Akkusativ: *außer jede Diskussion setzen* und in festen Verbindungen auch mit Genitiv: *außer Landes gehen*
- *dank*, im Singular meist mit Dativ: *dank seinem unermüdlichen Einsatz*, häufig aber auch mit Genitiv: *dank seines unermüdlichen Einsatzes*, im Plural fast durchgehend Genitiv: *dank ihrer unermüdlichen Einsätze* (zu Fällen mit Dativ im Plural: *dank Einsätzen* siehe Fehler 14)
- *entlang*, vor dem Substantiv mit Dativ: *entlang diesem Gedankengang*, nur selten mit Genitiv: *entlang dieses Gedankenganges*, nach dem Substantiv mit Akkusativ: *diesen Gedankengang entlang*, ganz selten (vor allem im Schweizerischen) mit Dativ: *diesem Gedankengang entlang*
- *längs*, in der Regel mit Genitiv: *längs eines gedachten Grenzstreifens*, selten mit Dativ, meist nur dann, wenn einem Substantiv, das im Genitiv die *-[e]s*-Endung aufwiese, ein weiteres Substantiv mit *-[e]s*-Genitiv folgt oder vorausgeht. Statt: *längs des Zaunes des Gartens* oder *längs Helmuts [prächtigen] Gartens* meist: *längs dem Zaun des Gartens* oder *längs Helmuts [prächtigem] Garten*
- *zufolge*, nach dem Substantiv mit Dativ: *ihrem Argument zufolge*, vor dem Substantiv, was selten vorkommt, mit Genitiv: *zufolge ihres Arguments*

- *zu Gunsten / zugunsten, zu Ungunsten / zuungunsten*, hier ist die Voranstellung üblich, dann mit Genitiv oder Anschluss mit *von*: *zu Gunsten / zugunsten Carinas, zu Gunsten / zugunsten von Carinas Konto*, nach dem Substantiv, eher selten, mit Dativ: *dem Konto Carinas zu Gunsten / zugunsten*

46. Geschäfte der Deutschen Bank

Deklination von mehrteiligen Firmennamen

Mehrteilige Firmennamen sind stets zu beugen: *die Geschäfte der Deutschen Bank, die Bilanz der Badischen Anilin- & Soda-Fabrik.* Soll der Name unverändert bleiben, kann man das erreichen, indem man ihm einen entsprechenden Gattungsbegriff voranstellt: *die Geschäfte des Finanzdienstleisters Deutsche Bank, die Bilanz des Chemiekonzerns Badische Anilin- & Soda-Fabrik.*

47. Flug über Loire und Cher, über deren schönste Flussabschnitte und die Schlösser derer, die Geschichte sind

Unterschied zwischen *deren* und *derer*, starke oder schwache Deklination nach *deren*

Man kennt die Formen von *der*, *die*, *das* als bestimmte Artikel (*der Kerl, die Mütze, den Nasen*). *Der, die, das* können aber auch als Demonstrativpronomen verwendet werden: *Guck dir bloß den an!* Allerdings unterscheiden sich die Formen des Demonstrativpronomens von denen des bestimmten Artikels. Die des Demonstrativpronomens sind:

	Singular			Plural
	Maskulinum	Femininum	Neutrum	Maskulinum/Femininum/Neutrum
Nominativ	*der*	*die*	*das*	*die*
Genitiv	*dessen*	*deren*	*dessen*	*deren/derer*
Dativ	*dem*	*der*	*dem*	*denen*
Akkusativ	*den*	*die*	*das*	*die*

Besonders interessant ist der Genitiv Plural, der zwei verschiedene Formen aufweist, die jeweils für alle drei Genera (Geschlechter) gelten. Was aber unterscheidet sie, wenn nicht das Genus? Der Unterschied ist, dass *deren* zurückweisend verwendet wird und *derer* vorausweisend. Das heißt: Das, worauf sich *deren* bezieht, muss v o r *deren* stehen: *mit einem Flug über Loire und Cher, über deren schönste Flussabschnitte. Einige Menschen haben auf dem Gymnasium noch Latein, Hebräisch und Altgriechisch gelernt; deren Zahl wird allerdings immer geringer.* Dagegen muss, was sich auf *derer* bezieht, n a c h *derer* stehen: *Die Zahl derer, die Latein, Hebräisch und Altgriechisch in der Schule gelernt haben, wird immer geringer.*

Anmerkung: Übrigens hat *deren*, da es ja an Stelle von etwas Substantivischem steht, keinen Einfluss darauf, ob das folgende Adjektiv stark oder schwach dekliniert wird: *durch deren in einem überaus ausgeklügelten Verfahren ermittelte und an die Parteien weitergegebene Daten*, nicht: **durch deren in einem überaus ausgeklügelten Verfahren ermittelten und an die Parteien weitergegebenen Daten.* Wenn man unsicher ist, ob stark (*ermittelte*) oder schwach (*ermittelten*) zu deklinieren ist, kann man *deren* probehalber weglassen.

48. Du und er habt euch wohl gewundert

Kongruenz in der Person

In der Regel weisen im Deutschen Prädikat und Subjekt eines Satzes die gleiche Person und den gleichen Numerus auf. Schwierigkeiten kann es geben, wenn das Subjekt aus Teilen zusammengesetzt ist, die sich in der Person unterscheiden. Diese Schwierigkeiten treten gern an folgenden Stellen auf:

- Person und Verb: *Ihr und ich werde/werdet/werden darüber noch einmal nachdenken müssen.*
- Person und Possessivpronomen: *Alexa und ich haben mein/ihr/unser Verhältnis geklärt.*
- Person und Reflexivpronomen: *Eure Putzfrau und ich haben sich/uns schon wieder in die Haare gekriegt.*

Dabei werden Kombinationen von Personen wie folgt zusammengefasst:

ich/wir + du = wir:
Danach haben du und wir doch noch ganz schön abgesahnt.

ich/wir + er/sie/es = wir:
Obwohl wir und er damit Erfolg hatten, ... Alexa und ich haben unser Verhältnis geklärt. Eure Putzfrau und ich haben sich/uns schon wieder in die Haare gekriegt.

ich/wir + ihr = wir:
Ihr und ich werde/werdet/werden darüber noch einmal nachdenken müssen.

ich/wir + sie (3. Person Plural) = *wir:*
Die Jungs und ich hätten uns nichts Schöneres wünschen können.

du/ihr + er/sie/es = ihr:
Trotzdem solltet du und er euch wieder vertragen.

du/ihr + sie (3. Person Plural) = *ihr:*
Die Turnlehrer und du werdet wohl keine Freunde mehr.

Anmerkung: Bezieht sich ein Relativpronomen auf ein Wort in der 1. (*ich/wir*) oder 2. Person (*du/ihr*), ist oft die Frage, ob das entsprechende Personalpronomen im Relativsatz noch einmal einzusetzen ist. Es wird nie wiederholt, wenn das Relativpronomen einen anderen Fall als den Nominativ aufweist: *Das kannst du mir, dessen Erfahrung bis in die Zeiten vor der Inflation zurückgeht, doch nun wirklich nicht erzählen.*

Steht das Relativpronomen aber im Nominativ, wird das Personalpronomen fast immer wieder aufgenommen, wenn der Relativsatz diesem unmittelbar folgt. Das Verb (und eventuell Reflexiv- bzw. Possessivpronomen) richtet sich in der Person nach dem Personalpronomen: *Das kannst du mir, der ich über weit bis vor die Zeiten der Inflation zurückgehende Erfahrungen verfüge, doch nun wirklich nicht erzählen.*

Wenn der Relativsatz nicht unmittelbar dem Bezugswort folgt, kann das Personalpronomen wiederholt werden oder auch nicht. Zu bedenken ist, dass sich das Verb (und eventuell Reflexiv- bzw. Possessivpronomen) in der Person nach dem Relativpronomen richtet, wenn das Personalpronomen nicht wiederholt wird: *Willst du etwa auf den moralischen Putz hauen, der du selbst nicht mit dem*

Blütenweiß deiner Weste prahlen darfst? Aber: *Willst du etwa auf den moralischen Putz hauen, der selbst nicht mit dem Blütenweiß seiner Weste prahlen darf?*

49. Wir wünschen ein glückliches neues Jahr

Groß- oder Kleinschreibung

Natürlich wünschen wir uns alle jedes Mal nur das Beste, Schönste und Liebste vom neuen Jahr. Was es dann wirklich ist, *das neue Jahr*, das bleibt zwar ungewiss, aber etliches ist es gewiss nicht:

- kein mehrteiliger Eigenname wie: *Heinrich der Achte*, *der Kahle Asten*, *der Große Teich* o. Ä.
- kein Titel, keine Ehren-, Amts- oder Funktionsbezeichnung wie: *der Regierende Bürgermeister*, *der Erste Vorsitzende Richter*, *der Heilige Vater*, *die Königliche Hoheit* o. Ä.
- keine fachsprachliche Klassifizierungseinheit wie: *das Fleißige Lieschen*, *die Gemeine Stubenfliege*, *der Weiße Hai* o. Ä.
- kein besonderer Kalendertag wie: *der Heilige Abend*, *der Tag der Deutschen Einheit*, *der Erste Mai* o. Ä.
- kein bestimmtes historisches Ereignis, keine bestimmte historische Epoche wie: *der Zweite Weltkrieg*, *der Dreißigjährige Krieg*, *der Westfälische Friede*, *der Kalte Krieg* o. Ä.

Das neue Jahr gehört damit zu keiner der substantivischen Wortgruppen, in denen auch Adjektive großgeschrieben werden. Das heißt also, in *das neue Jahr* wird das Adjektiv *neu* kleingeschrieben.

Anmerkung: Im Bereich der mehrteiligen Wortgruppen haben sich die Presseagenturen nicht in allen Fällen der offiziellen Regelung angeschlossen. So schreiben die Agenturen: *Schwarzes Brett*, *Rote Karte*, *Gelbes Trikot* usw., obwohl nach offizieller Regelung geschrieben wird: *schwarzes Brett*, *rote Karte*, *gelbes Trikot*. (Vgl. Fehler 5.) Aber bei der Schreibweise des *neuen Jahres* liegen auch die Presseagenturen auf offizieller Linie und schreiben *neu* klein.

50. Triumph von Vizepräsident Stephan Zöfelt

Unterlassung der Deklination

Damit man überhaupt weiß, welche Funktion ein Substantiv in einem Satz übernimmt, wird dieses im Deutschen gewöhnlich dekliniert. Manchmal aber auch nicht. Vor allem dann nicht, wenn

- ein schwach gebeugtes Substantiv allein oder innerhalb einer Aufzählung ohne Artikel oder Attribut steht. Würde man dennoch deklinieren, könnte die Deklinationsendung *-en* zu einer Verwechslung von Singular und Plural führen: *eine Filmcrew ohne Regieassistent*; *drei Dinge braucht ein rechter k. u. k. General: Adjutant, Bursche und amouröse Vergangenheit*
- ein allein stehendes singularisches Substantiv durch die Präposition *von* als Präpositionalattribut von einem Substantiv abhängig ist, das im Nominativ steht: *ein Hauch von Gedanke*, *eine Art von Scheinriese* (aber: *ein Hauch von einem Gedanken*, *eine Art von unsichtbarem Scheinriesen*, *eines Hauches von Gedanken*, *einer Art von Scheinriesen*)
- kein Artikel oder sonstiger Begleiter vor einem Titel oder einer Berufsbezeichnung steht, der/die in Verbindung mit einem Personennamen verwendet wird. Auch wenn zwei oder mehr artikel- bzw. begleiterlose Titel oder Berufsbezeichnungen vor dem Personennamen stehen, werden die Titel oder Berufsbezeichnungen nicht dekliniert: *der Fehler von Vizepräsident Kurt Vorholz*, *die Berechnung von Architekt Harald Heinz Feldhaus*, *im Sinne von Superintendent Herbert Schran*, *Staatsanwalt Detlev Hillers Schlappe*, *die fragwürdige Verehrung Kaiser Karls des Großen*, *Regierungssprecher Professor Unraths pfiffige Bemerkung* (aber: *der Triumph vom/des Vizepräsidenten Stephan Zöfelt*, *die Berechnung vom Architekten Harald Heinz Feldhaus*, *im Sinne von Herrn Superintendenten Herbert Schran*, *die Schlappe des Staatsanwaltes Detlev Hiller*, *die fragwürdige Verehrung des Kaisers Karl des Großen*, *die pfiffige Bemerkung des Regierungssprechers Professor Unrath*)

Stehen mehrere Titel oder Berufsbezeichnungen, denen ein Artikel oder anderer Begleiter vorangestellt ist, vor einem Personennamen, wird nur der/die erste dekliniert: *die Urteilsbegründung des Ersten Vorsitzenden Richters Professor Dr. Norbert Dierke*, *die Verfehlungen der Landtagsabgeordneten Landrätin Simone Warmke*.

Anmerkung: *Herr* wird allerdings stets dekliniert: *die Berechnung von Herrn Architekt Harald Heinz, Herrn Regierungssprecher Professor Unraths pfiffige Bemerkung.*

In Anschriften dekliniert man *Herr* u n d den folgenden Titel. Der Titel kann zur Not aber auch undekliniert auftreten: *Herrn Superintendenten Herbert Schran* (bisweilen auch: *Herrn Superintendent Herbert Schran*).

Der Titel *Doktor* (*Dr.*) wird nie dekliniert. Auch *Fräulein* – sollte man sich trauen, diese Anrede noch zu verwenden – wird nicht dekliniert: *die seltsamen Methoden unseres Doktor Norbert Dierke, die gerechte Empörung des Fräulein Warmke.*

51. Dr. Gabor warf ein, er habe den Stein, um den es hier gehe, nicht ins Rollen gebracht

Indikativ oder Konjunktiv I in der indirekten Rede, im Komplementsatz

Die Faktizitäten richtig einzuschätzen ist nicht immer einfach. Dabei hängt es oft davon ab, ob der Indikativ oder der Konjunktiv I eingesetzt wird. Unter Faktizität versteht man eine semantische Eigenschaft (einen Bedeutungsaspekt) von Verben (und Adjektiven), die einen *dass*-Satz als direktes Objekt (Akkusativobjekt) binden können: *Vorarbeiter Willi Demmer weiß genau, dass man ihn gar nicht entlassen kann. Jeder glaubt, dass nun Schluss ist.*

Faktizität sagt etwas über die Stellungnahme des Sprechers/Schreibers zum Wahrheitsgehalt des *dass*-Satzes aus. Faktiv nennt man Verben, deren Gebrauch voraussetzt, dass der Autor vom Wahrheitsgehalt des *dass*-Satzes überzeugt ist. *Wissen* ist ein faktives Verb. Derjenige, der den Satz über Willi Demmer formuliert hat, ist der Überzeugung, dass der Vorarbeiter tatsächlich nicht entlassen werden kann.

Bei nichtfaktiven Verben bleibt die Stellungnahme zum Wahrheitsgehalt des *dass*-Satzes offen. Der Autor des Satzes über den Glauben daran, dass Schluss ist, lässt offen, ob tatsächlich Schluss ist oder nicht.

Ob ein Verb, das einen *dass*-Satz als direktes Objekt haben kann, faktiv ist oder nicht, kann man testen. Man kann nämlich ausprobieren, ob das in Frage stehende Verb statt des *dass*-Satzes auch einen indirekten Fragesatz binden könnte – nur faktive Verben können das. Ohne weiteres kann man bilden: *Vorarbeiter Willi Demmer weiß genau, warum er nicht entlassen werden kann.* Aber mit *glauben* funktioniert das nicht: **Jeder glaubt, warum nun Schluss ist.*

Ob Indikativ oder Konjunktiv I im Komplementsatz (Objektsatz) verwendet wird, hängt in folgender Weise von der Faktizität der Verben ab:

1. Von faktiven Verben abhängige Objektsätze mit *dass* stehen nie im Konjunktiv I. Solche Verben sind etwa: *wissen*, *verstehen*, *vergessen*, *entschuldigen* u. a.: *Hast du vergessen, dass du mit zur Alemannia kommen wolltest?*
2. Bei nichtfaktiven Verben werden Konjunktiv I und Indikativ gleichberechtigt verwendet, ohne dass sich die Bedeutungen dadurch unterschieden. Solche Verben sind *behaupten*, *glauben*, *meinen*, *hoffen* u. a.: *Dr. Gabor behauptete, dass er den Stein nicht ins Rollen gebracht habe/hat.*
3. Einige Verben treten in einer faktiven wie in einer nichtfaktiven Bedeutung auf, etwa: *einwerfen*, *sagen*, *mitteilen*, *berichten*, *hören*, *sehen*, *fühlen* u. a. Auch hier kann im Komplementsatz der Indikativ oder der Konjunktiv I stehen – allerdings im Gegensatz zu den nichtfaktiven Verben nicht ohne einen Bedeutungsunterschied. Verwendet der Autor den Indikativ, signalisiert er, dass er die Aussage des *dass*-Satzes für wahr hält. Verwendet er den Konjunktiv I, so enthält er sich der Stellungnahme: *Dr. Gabor warf ein, dass er den Stein nicht ins Rollen gebracht hat* (= der Autor hält das, was Dr. Gabor einwirft, für wahr) / *habe* (= der Autor beurteilt den Wahrheitsgehalt von Dr. Gabors Äußerung nicht).

Werden die Objektsätze bei den Gruppen 2 und 3 nicht mit *dass* angeschlossen, sondern subjunktionslos, wird stets der Konjunktiv I verwendet: *Dr. Gabor behauptete / warf ein, er habe den Stein nicht ins Rollen gebracht.*

In der informellen Rede (seltener auch: Schreibe) wird in der indirekten Rede statt des Konjunktivs I auch der Konjunktiv II verwendet: *Dr. Gabor warf ein, er hätte den Stein nicht ins Rollen gebracht.*

Siehe auch Fehler 44.

Anmerkung: Ein Konjunktiv I im Objektsatz bewirkt Konjunktive in allen weiteren von ihm abhängigen Nebensätzen: *Dr. Gabor* *warf ein, dass er den Stein, um den es hier gehe, nicht ins Rollen gebracht habe.* Aber: *Dr. Gabor warf ein, dass er den Stein, um den es hier geht, nicht ins Rollen gebracht hat.*

52. Streckenführung über die Oberhausener Straße und die Eschweilerstraße

Getrennt- oder Zusammenschreibung von Straßennamen

Nicht immer entsprechen die amtlichen Schreibweisen von Straßennamen den Regeln der Rechtschreibung. Das verunsichert natürlich schon ein wenig.

Substantiv (Name) und Grundwort

Zusammen schreibt man Straßennamen, wenn sie aus e i n e m undeklinierten Substantiv (oder e i n e m undeklinierten Namen) und einem Grundwort bestehen. Meist ist das Grundwort *Straße*, es kommen aber auch viele andere vor, etwa: *Allee*, *Au[e]*, *Bach*, *Gasse*, *Gracht*, *Markt*, *Weg*, *Pfad*, *Platz*: *Viktoriaallee*, *Wiedbach*, *Heumarkt*, *Hasencleverstraße*, *Preusweg*.

Gelegentlich tritt auch ein Name im Genitiv auf, dann wird die Fügung oft als Wortgruppe aufgefasst und getrennt geschrieben: *Geisers Pfad*, *Höfchens Weg*. Meist allerdings wird das *s* als Fugen-*s* gedeutet und die Wortgruppe zusammengeschrieben: *Geiserspfad*, *Höfchensweg*.

Häufig sind auch durch eine Präposition eingeleitete Wortgruppen: *Auf der Hüls*, *In den Atzenbenden*, *Zur Scheidmühle*.

Ist ein Name als Bestandteil des Straßennamens mehrteilig, wird durchgekoppelt, das heißt mit Bindestrichen geschrieben: *Walter-Hasenclever-Straße*, *Graf-Schwerin-Straße*, *Karl-Marx-Allee*.

Adjektiv(e) und Grundwort

Ist der erste Bestandteil ein Adjektiv, schreibt man nur zusammen, wenn das Adjektiv nicht dekliniert ist: *Neumarkt*, *Blautal*.

Bei dekliniertem Adjektiv schreibt man getrennt: *Neuer Markt*, *Blaues Tal*.

Das gilt natürlich auch für Ableitungen von Orts- oder Ländernamen auf *-er*: *Oberhausener Straße*, *Osterburger Straße*, *Hernalser Hauptstraße*. Man beachte auch: *Alte Haarener Straße*, aber: *Alt-Haarener Straße*.

Allerdings ist die Endung *-er* nicht immer ein Zeichen dafür, dass es sich um eine solche Ableitung handelt. Denn *-er* kann ganz ursprünglich Teil des Ortsnamens sein, etwa bei: *Eschweiler*, *Marienwerder*, *Speyer*. Dann muss selbstverständlich zusammengeschrieben werden: *Eschweilerstraße*, *Marienwerderweg*, *Speyerallee*.

Anmerkung: Besteht ein Straßenname aus einer Wortgruppe, wird stets dekliniert. Also nicht: **Wir sind auf der Breite Straße in Köln spazieren gegangen*, sondern: *Wir sind auf der Breiten Straße in Köln spazieren gegangen.*

53. Vorrat von 24 Meter/Metern Seide

Deklination von *Meter*

Wird *Meter* mit vorangehendem Artikel, Pronomen oder Adjektiv verwendet, muss im Dativ Plural dekliniert werden: *mit den 24 Metern Leine*, *von vielen Metern*, *von echten Metern.*

Steht kein Artikel, Pronomen oder Adjektiv, kommt es darauf an, ob das Gemessene folgt oder nicht. Folgt es nicht, wird in der Regel dekliniert: *Mit 24 Metern bekommen wir kaum eine Kollektion zusammen. Eine Breite von zehn Metern war keine Seltenheit.* Folgt das Gemessene, wird die ungebeugte, nicht selten aber auch die gebeugte Form eingesetzt: *Mit 24 Meter/Metern Seide bekommen wir kaum eine Kollektion zusammen. Erdrisse von zehn Meter/Metern Breite waren keine Seltenheit.*

54. Adressverzeichnis/Adressenverzeichnis, kindgerecht/kindergerecht

Fugenzeichen allgemein

Fast drei Viertel aller Wortzusammensetzungen im Deutschen kommen ohne Fugenzeichen aus: *Hausmaus*, *Grünspecht*, *runderneuern*, *seeerfahren* usw. Aber das restliche gute Viertel macht umso mehr Schwierigkeiten. Denn oft ist schwer zu entscheiden, ob Zusammensetzungen mit oder ohne Fugenzeichen zu bilden sind und – wenn mit – mit welchem. Wir können folgende Fugenzeichen unterscheiden:

-*e*: *Hundehütte*, *Mausefalle*, *Liegewiese*, *Säugetier*, *Werdegang*, *mausetot* usw.
-*en*: *Bärenfell*, *Tatendrang*, *Menschenauflauf*, *heldenmütig* usw.
-*ens*: *Schmerzensgeld*, *Schmerzenslaut* usw.
-*er*: *Hühnerauge*, *Kinderwagen*, *Lichtermeer*, *Kleiderbügel*, *Rinderwahnsinn*, *kinderleicht* usw.
-*es*: *Jahreszahl*, *Landesfeind*, *Wegesrand*, *grabeskalt*, *siegesgewiss* usw.
-*n*: *Blumenwiese*, *Wiesenblume*, *Katzenklo*, *Kirchenlied*, *Rattenschwanz*, *rabenschwarz* usw.
-*ns*: *Glaubensstärke*, *willensschwach* usw.
-*s*: *altersschwach*, *lebensmüde*, *Einheitspartei*, *Bischofsmütze*, *Schlafenszeit*, *Schaffensdrang* usw.
Subtraktionsfuge (hier kommt kein Buchstabe hinzu, es wird vielmehr einer – oder mehrere – weggelassen): *Messdiener*, *Münzrecht*, *Wollgras*, *sprachgewaltig* usw.

Die Fugenzeichen sind in vielen Fällen aus einem vorangestellten Genitiv Singular entstanden: *Landesvater* aus *des Landes Vater*, *Hirtenstab* aus *des Hirten Stab*. Oft spielt auch eine pluralische Bedeutung eine Rolle: *Hirtenvolk* (= Volk aus Hirten), *Räderwerk* (= Werk aus Rädern), *Häuserkampf* (= Kampf um Häuser).

Aber im Laufe der Sprachentwicklung haben sich die Zusammensetzungen mit Fugenzeichen weitgehend von den vormals zu Grunde liegenden syntaktischen Konstruktionen gelöst. Sie werden einfach musteranalog gebildet. So etwa *Liebesheirat*, obwohl *Liebe* gar kein Genitiv-*s* aufweist, *Schweinebraten*, obwohl der Hunger selten für mehrere *Schweine* reicht, oder andersherum *Freundeskreis*, obwohl der kaum aus nur einem Freund bestehen dürfte.

Die Regelmäßigkeiten der Wortbildung mit Fugenzeichen dürfen als nur der Tendenz nach erforscht gelten. Daher können Regeln, die praktisch handhabbar sind, kaum angegeben werden – am ehesten noch zum Fugen-*s* (siehe Fehler 8). Hier konsultiere man in Zweifelsfällen besser ein Wörterbuch.

Einige Einzelfälle sind häufige Fehler- oder doch zumindest Unsicherheitsursache:

Adress-/Adressen-: Üblicherweise wird mit dem Bestimmungswort *Adressen-* zusammengesetzt: *Adressenbuch*, *Adressenliste*, *Adressenänderung*, *Adressenverzeichnis*. Die Bezeichnung *Adressbuch* für das amtliche Einwohnerverzeichnis hat sich aus früheren Zeiten herübergerettet. In der Schweiz allerdings wird durchaus noch mit *Adress-* zusammengesetzt: *Adressänderung*, *Adressliste*.

Kind-, *Kinds-*, *Kindes-*, *Kinder-*: Verbindungen mit *Kind-*, *Kinds-* und *Kindes-* sind eher selten. Es heißt: *Kindbett*, *Kindfrau*, *kindlich*, *kindgemäß*. Die Wortbildung schwankt bei: *Kindstaufe/Kindtaufe*, *kindgerecht/kindergerecht*. Es heißt: *Kindskopf*, *Kindstod*. Die Wortbildung schwankt bei: *Kindsmord/Kindesmord*, *Kindsmutter/Kindesmutter*. Es heißt: *Kindesalter*, *Kindesbeine*, *Kindesliebe*, *Kindesmisshandlung*, *Kindesentführung*. Die allermeisten Zusammensetzungen aber werden mit *Kinder-* gebildet. Nur einige Beispiele: *Kinderarbeit*, *Kinderarzt*, *Kinderdorf*, *Kindergarten*, *Kindergeld*, *Kinderkram*, *Kinderlähmung*, *Kinderschänder*, *Kinderzimmer* usw.

Rasse-, *Rassen-*: Bei Zusammensetzungen mit *Rasse-* geht es um (Rein-)Rassigkeit von Tieren, Pflanzen und Menschen: *Rassehund*, *Rassepferd*, *Rasseweib*, *rasserein*. In anderen Bedeutungen wird mit *Rassen-* zusammengesetzt: *Rassengemisch*, *Rassenhass*, *Rassentrennung* u. a.

Rind-, *Rinder-*, *Rinds-*: Ohne Fugenzeichen schreibt man: *Rindfleisch*, *Rindvieh*. Die Wortbildung schwankt bei: *Rind[s]leder*, *rind[s]ledern*. Bei einigen Zusammensetzungen schwankt die Wortbildung zwischen Fugen-*s* und Fugen-*er*. Dabei wird das Fugen-*er* vornehmlich in Norddeutschland verwendet, während das Fugen-*s* mehr in Süddeutschland, Österreich und der Schweiz anzutreffen ist: *Rinderbraten/Rindsbraten*, *Rindertalg/Rindstalg*, *Rinderzunge/Rindszunge*.

Schokolade-, *Schokoladen-*: Man kann Zusammensetzungen mit *Schokolade* als Bestimmungswort sowohl ohne Fugenzeichen bilden als auch mit Fugen-*n*: *Schokoladeeis/Schokoladeneis*, *Schokoladeseite/Schokoladenseite*, *schokoladebraun/schokoladenbraun* u. a. Die Zusammensetzungen mit *Schokoladen-* sind üblicher.

Stern-, *Sternen-*: Die Zusammensetzungen mit *Stern*, die aus den Bereichen der Astronomie und der Astrologie stammen, sind fast durchgehend ohne Fugenzeichen: *Sternbild*, *Sterndeuter*, *Sternhaufen*, *Sternschnuppe*, *Sternsystem*, *Sternwarte*, *Sternzeit.* Ebenfalls ohne Fugen-*en* gebildet werden übertragene Bedeutungen: *Sternfahrt*, *sternförmig*, *Sternfrucht*, *sternhagelvoll*, *Sternsingen*, *Sternstunde.* Mit Fugen-*en*: *Sternenbanner.* Auch Ausdrücke gehobener bis literarischer Sprache haben das Fugenzeichen: *Sternenlicht*, *sternenwärts*, *Sternenzelt*, *Sternenhimmel*, *Sternenschein.* Die Wortbildung schwankt bei: *sternhell/sternenhell*, *sternklar/sternenklar.*

tadel-, *tadelns-*, *tadels-*: Ohne Fugenzeichen gebildet werden: *tadelhaft*, *tadelsüchtig*, *tadellos*, *Tadelsucht.* Mit Fugen-*s*: *tadelnswert*, *tadelnswürdig*, *Tadelsantrag*, *Tadelsvotum.* Die Wortbildung schwankt bei: *tadelsfrei/tadelfrei.*

Wald-, *Waldes-*: In der Regel weisen Zusammensetzungen mit *Wald-* kein Fugenzeichen auf: *Waldarbeiter*, *Waldboden*, *Walderdbeere*, *Waldfrevel*, *Waldgrenze*, *Waldschenke*, *Waldschrat*, *waldarm*, *waldlos*, *waldreich* usw. Mit Fugen-*es* allerdings: *Waldesdunkel*, *Waldeslust*, *Waldesrauschen.* Die Wortbildung schwankt bei: *Waldsaum/Waldessaum*, *Waldrand/Waldesrand.*

55. Aller verwerfliche/verwerflicher Unfug war zu bewundern

Starke oder schwache Deklination nach Pronomen

Vor mancher schwierigen Frage steht man, wenn es darum geht, ob nach einem Pronomen stark oder schwach zu deklinieren ist. Denn das ist von Pronomen zu Pronomen unterschiedlich, und oft ist auch bei ein und demselben Pronomen sowohl die starke als auch die schwache Deklination möglich. Wie sieht das nun im Einzelnen aus?

Das sich anschließende Adjektiv oder Partizip wird nach

- *alle* in der Regel schwach gebeugt: *aller verwerfliche* (starke Deklination veraltet: *verwerflicher*) *Unfug, aller unbestechlichen Beamten*
- *andere* in der Regel stark dekliniert: *anderer verfügbarer Ergebnisse, andere wahnsinnige Erfahrungen*. Im Dativ Singular Maskulinum und Neutrum wird jedoch schwach gebeugt: *nach anderem köstlichen Käse, mit anderem witzigen Programm*
- *beide* in der Regel schwach dekliniert: *beide schönen Hunde, beider maulbrütenden Buntbarsche*
- *einige*, so es im Singular eingesetzt wird, im Nominativ Maskulinum, Genitiv und Dativ Femininum stark dekliniert: *einiger abzusehender Schaden, mit einiger zusätzlicher Anstrengung*. Im Nominativ und Akkusativ Neutrum wie auch im Dativ Maskulinum und Neutrum wird die schwache Deklination deutlich bevorzugt: *einiges lächerliche Getue, mit einigem moralischen Elan*. Im Plural wird in der Regel stark dekliniert: *einige verblüffte Hausfrauen, einiger verwelkter Blumen*
- *etliche* überwiegend stark dekliniert: *etliche atemberaubende Ausblicke*
- *irgendwelche* ebenso häufig stark wie schwach dekliniert: *irgendwelches unzusammenhängendes/unzusammenhängende Gefasel, irgendwelche blasse/blassen Gestalten*
- *manche* im Singular schwach dekliniert: *mancher elegante Gedanke*, während im Plural ebenso häufig stark wie schwach gebeugt wird: *manche schwierige/schwierigen Fragen*
- *mehrere* stark dekliniert: *mehrere nachhaltige Verbesserungen*. Allerdings wird im Genitiv Plural gleich häufig schwach wie stark dekliniert: *trotz mehrerer verpatzter/verpatzten Vorstellungen*
- *sämtliche* in der Regel schwach dekliniert: *sämtlicher wahre Unsinn, sämtliche möglichen Fragen*. Nur im Genitiv Plural wird häufig stark dekliniert: *sämtlicher geometrischer/geometrischen Konstruktionen, sämtlicher gefakter/gefakten Interviews*
- *solche* im Singular in der Regel schwach dekliniert: *solcher nicht zu verachtende Einsatz, solchem verfügbaren Kapital, solcher reizvollen Geschichte*. Im Genitiv Femininum und auch im Dativ Maskulinum, Femininum und Neutrum wird bisweilen stark dekliniert: *solcher massiven/*(seltener:) *massiver Bauweise, solchem schweren /* (seltener:) *schwerem Geschütz*. Auch im Plural überwiegt die schwache Deklination, aber manchmal wird auch stark

dekliniert: *solche fröhlichen*/(auch:) *fröhliche Kinder, solcher schweren*/(seltener:) *schwerer Aufgaben*

- *viele* im Singular unterschiedlich dekliniert. Im Nominativ und Akkusativ Neutrum wie auch im Dativ Maskulinum und Neutrum wird in der Regel schwach dekliniert: *vieles dumme Zeug, vielem verstaubten Mobiliar.* Im Nominativ Maskulinum wie auch im Genitiv und Dativ Femininum wird dagegen in der Regel stark gebeugt: *vieler übertriebener Ehrgeiz, mit vieler uneigennütziger Hilfe.* Durchgehend stark wird im Plural dekliniert: *viele verwertbare Rohstoffe, vieler abgerissener Fahrscheine*
- *welche* in der Regel schwach dekliniert: *welches heitere Zirpen, welcher staunenden Novizen*
- *wenige* meist stark gebeugt: *weniger ausgesuchter Kram.* Ausnahmen sind der Dativ Singular Maskulinum und Neutrum, die schwach dekliniert werden: *mit wenigem krassen Witz, bei wenigem wertlosen Katzengold*

Anmerkung: Bei gelegentlich auftretenden endungslosen Formen (*manch, solch, viel, welch, wenig*) wird das folgende Adjektiv (Partizip) stets stark dekliniert: *manch dummer Fehler, solch lukrative Aufträge, viel erhellender Geist, welch herrlicher Rappe, wenig Brauchbares.*

Bei Pronomen, nach denen das folgende Adjektiv schwach zu deklinieren ist, wird diese schwache Deklination manchmal auf die Formen des Demonstrativ- oder Possessivpronomens übertragen. Das ist falsch. Also nicht: **alle seinen hilfreichen Bemerkungen*, sondern: *alle seine hilfreichen Bemerkungen.*

56. Das war die optimale Lösung und die einzige, die zu unserer vollen/vollsten Zufriedenheit ausfiel

Superlativ von absoluten Adjektiven

Einige Adjektive sind in der Regel nicht steigerbar. Dazu zählen

- absolute Adjektive wie: *achteckig, blind, ganz, mündlich, remis, sterblich, tot* u. Ä.
- Adjektive, deren Bedeutung schon den höchsten Grad impliziert, wie: *erstklassig, maximal, minimal, optimal, total, universell, voll* u. Ä.

- Adjektive, die ausschließlich attributiv auftreten, wie: *der gestrige Fauxpas*, *dortige Verhältnisse*, *das einstige Gasthaus* u. Ä. (Normalerweise können Adjektive in drei Funktionen auftreten, und zwar als Attribut: *schönes Wetter*, als Artergänzung oder Teil des Prädikates in Sätzen mit Kopulaverben wie *sein*, *werden*, *bleiben*: *Das Wetter ist schön* oder adverbial: *Das hast du schön gemacht*.)
- Adjektive, die ausschließlich als Artergänzung bzw. als Teil des Prädikates auftreten, wie: *Die Geschwister waren damit quitt. Während sie davon ausging, dass ihre Zeit als Femme fatale nun passé sei, verschwieg er galant, dass es diese Zeit nie gegeben hatte.*
- Adjektive, deren Bedeutung durch ein Bestimmungswort bereits verstärkt ist, wie: *blutjung*, *blütenweiß*, *rabenschwarz*, *stinkfaul*, *stinkreich* u. Ä.
- Adjektive, deren Bedeutung ein Fehlen oder eine Negation umfasst, wie: *bargeldlos*, *nichtig*, *unrettbar*, *unsagbar*, *sinnlos* u. Ä.
- Zahladjektive wie: *achtfach*, *einzig*, *einmalig*, *halb* u. Ä.

Absolute Adjektive und solche, die schon im Positiv den höchsten Grad ausdrücken, werden aus rhetorischen Gründen gelegentlich dennoch gesteigert: *zur vollsten Zufriedenheit*; *die toteste Gegend, die man sich vorstellen kann*; *ein Stürmer blinder als der andere*.

Werden Adjektive, die schon im Positiv den höchsten Grad bezeichnen, ausdrücklich vergleichend verwendet, ist eine Steigerung möglich: *Dein Glas ist voller als meines. Das leerste Stadion von allen.*

Es ist immer zu beachten, ob solche an sich unsteigerbaren Adjektive nicht in einem übertragenen Sinn verwendet werden. Dann kann es mit der Steigerbarkeit ganz anders aussehen. Man vergleiche dazu *das eiserne Gefährt*, das wirklich nicht **eiserner* sein könnte oder gar **eisernst*, mit *eisernem Fleiß*, der durchaus als *eisernst* vorstellbar wäre.

Partizipien werden meist nicht gesteigert: *die lobende Erwähnung*, *die jagende Meute*, *der entgangene Lohn* usw.

Allerdings wächst Partizipien im Vergleich zum Ursprungsverb bisweilen eine andere (oft übertragene) Bedeutung zu. Das hat dann öfter Steigerbarkeit zur Folge: *noch vergangenere Tage*, *weitaus reißendere Wasser*, *blühendste Landschaften*, *strahlendere Farben*, *das reizendste und begabteste Mädchen der ganzen Clique* usw.

Anmerkung: Die beliebte Arbeitszeugnisformulierung *zur vollsten Zufriedenheit* ist nicht nur grammatisch-rhetorisch, sondern wohl auch rechtlich umstritten.

57. Tendenz der Deutschen-Bank-Aktien/ Deutsche-Bank-Aktien

Adjektiv in zusammengesetztem Substantiv

Gerade für den Feinschmecker dürfte es nicht ganz unwichtig sein, zwischen einer *dicken Bohnensuppe*, einer *Dicke-Bohnen-Suppe* und gar einer *dicken Dicke-Bohnen-Suppe* zu unterscheiden.

Es ist weithin bekannt, dass eine Zusammensetzung nicht mit einem Adjektivattribut verbunden werden darf, das sich von der Bedeutung her eindeutig auf den ersten Bestandteil des Kompositums bezieht. Daher ist der Ausdruck *kleines Kindergeschrei* unpassend, weil ja meist die Kinder klein sind, das Geschrei aber groß. Hier wäre *das Geschrei kleiner Kinder* angebrachter.

Dennoch sind einige dieser «falschen» oder missverständlichen Fügungen anerkannt in den Bestand unserer Sprache eingegangen, etwa: *die deutsche Staatsangehörigkeit*, *die deutsche Sprachwissenschaft*, *das Bürgerliche Gesetzbuch*, *das geheime Wahlrecht.* Eigentlich ist ja der Staat deutsch, nicht die Angehörigkeit, und das Gesetz bürgerlich, nicht das Buch, und die Wahl geheim, nicht das Recht. Und *die deutsche Sprachwissenschaft*? Geht es hier um die Wissenschaft von der deutschen Sprache oder um die deutsche Wissenschaft von der Sprache oder gar um die deutsche Wissenschaft von der deutschen Sprache?

Wenn wir solche Beziehungsprobleme vermeiden wollen und statt *dicke Bohnensuppe* korrekt *Dicke-Bohnen-Suppe* schreiben (weil wir Suppe von dicken Bohnen meinen), handeln wir uns aber wieder andere Probleme ein. Man fragt sich: Wird das Adjektiv in solchen Durchkoppelungen mitdekliniert? Und wie sieht es mit starker oder schwacher Adjektivdeklination aus? Heißt es also: *der Geschmack von Dicke-Bohnen-Suppe* oder: *der Geschmack von Dicker-Bohnen-Suppe* (*dick* hier stark dekliniert)? Und geht auch: *der Geschmack von der Dicken-Bohnen-Suppe* (*dick* hier schwach dekliniert)? Meist wird all dies akzeptiert, wobei die Wörterbücher die Versionen mit dekliniertem Adjektiv (*von Dicker-Bohnen-Suppe / von der Dicken-Bohnen-Suppe*) als umgangssprachlich bezeichnen.

Und was wäre mit einem Ausdruck wie: *mit der dicken Dicke-Bohnen-Suppe/Dicken-Bohnen-Suppe*? Auch hier müsste man wohl beides durchgehen lassen.

Aber Vorsicht: Zu viel von der dicken Dicke-Bohnen-Suppe könnte Blähungen und Unwohlsein verursachen. Dann bedürfte man möglicherweise der Hilfe einer *Rote-Kreuz-Schwester* bzw. *Roten-Kreuz-Schwester.*

58. Aufnahme in der/die Ruhmeshalle

Rektion bei Verben mit Präpositionalergänzung

Bei *aufbauen auf* wird meist der Dativ verwendet (Frage: wo?): *Aufbauend auf der Annahme einer florierenden Wirtschaft investieren wir in Cottbus.*

Nach *aufnehmen in/unter/auf* kann dagegen sowohl der Dativ (Frage: wo?) als auch der Akkusativ (Frage: wohin?) stehen. Der Akkusativ wird allerdings häufiger verwendet: *Die Firma wurde in dieses Adressenverzeichnis aufgenommen.* Etwas seltener: *Die Firma wurde in diesem Adressenverzeichnis aufgenommen.*

Oft jedoch ist ausschließlich einer der beiden Fälle möglich. Welcher, hängt dann von der mitschwingenden Bedeutung ab. So vermittelt der Akkusativ in der Regel eine innige Zugehörigkeit: Das Aufgenommene geht quasi auf im Aufnehmenden: *Ob ihr je in irgendeine Ruhmeshalle aufgenommen werdet? Wir nehmen dich gern als Schwiegersohn in unsere Familie auf. Die Mescaleros nahmen Old Shatterhand in die eigenen Reihen auf.* Weniger innig, eher formal ist die Aufnahme, wenn der Dativ sie übernimmt: *Wir nehmen Sie gern als Feriengast in unserer Familie auf. Die Patientin wird in den Städtischen Krankenanstalten aufgenommen.*

59. In der Zeit war zu lesen ...

Groß- oder Kleinschreibung der Artikel bei deklinierten mehrteiligen Zeitungs-/Zeitschriftennamen

Zeitungsnamen werden normal gebeugt, auch wenn sie kursiv gesetzt sind oder in Anführungszeichen stehen: *Wie in der «Süddeutschen Zeitung» zu lesen war, ... In der neuesten Ausgabe der «Aachener Nachrichten» stand davon nichts.*

Bei manchen Zeitungen oder Zeitschriften gehört der Artikel zum Namen. Er wird in die Anführungszeichen bzw. in die Kursivierung mit eingeschlossen und großgeschrieben, wenn der Name im Nominativ steht: *So hat «Die Zeit» eine Art Hausrechtschreibung installiert.* Steht der Name in einem Fall, der sich vom Nominativ unterscheidet, bleibt der Artikel außerhalb der Anführungszeichen bzw. der Kursivierung und wird kleingeschrieben: *So wurde in der «Zeit» eine Art Hausrechtschreibung installiert.* Wird der Name (durch Pronomen, Adjektive, Partizipien o. Ä.) erweitert, gehört der Artikel ebenfalls nicht in die Anführungszeichen bzw. zur Kursivierung und wird kleingeschrieben, auch wenn der Name im Nominativ steht: *So hat die schon immer recht snobistische «Zeit» eine Art Hausrechtschreibung installiert.* Steht der Name im Akkusativ und unterscheidet sich der Akkusativ nicht vom Nominativ, so ist es freigestellt, ob man den Artikel mit in die Anführungszeichen bzw. in die Kursivierung einbezieht oder nicht: *Anna liest die «Zeit» / «Die Zeit».*

Soll der Zeitungsname ungebeugt wiedergegeben werden, obwohl er nicht im Nominativ steht, kann man ihn als Beifügung an einen entsprechenden Gattungsbegriff anhängen: *So wurde in der Wochenzeitung «Die Zeit» eine Art Hausrechtschreibung installiert.*

Anmerkung: Wie bei den Zeitungen wird es auch bei Buchtiteln u. Ä. gehandhabt: *Auch «Der Idiot» von Dostojewski enthält dieses Zitat. Das Zitat stammt aus dem «Idioten» von Dostojewski. Das Zitat stammt aus dem Roman «Der Idiot» von Dostojewski.*

60. Wiedersehen in bestem / im besten Einvernehmen

Gebrauch des Artikels bei der Präposition in

Manche Verschmelzungen sind so innig, dass nicht auf den ersten Blick klar wird, was da genau womit verschmolzen ist. Handelt es sich bei *im* um eine Verschmelzung von Präposition und bestimmtem Artikel: *in dem* oder um eine von Präposition und unbestimmtem Artikel: *in einem*? In der Regel wird *im* verstanden als *in dem*.

Insofern kann man vielleicht bei Fügungen mit *in* eine eher allgemeine Bedeutung heraushören, bei Fügungen mit *im* eine konkretere. Mit dem Satz: *Die Fabrik befindet sich noch <u>in</u> Familienbesitz* würde demnach der feinsinnige Autor eher arbeiten, wenn er lediglich sagen will, dass sich die Fabrik im Besitz irgendeiner Familie befindet – welche das auch immer sein mag. Den Satz mit der Verschmelzung *im*: *Die Fabrik befindet sich noch im Familienbesitz* würde er verwenden, wenn er ausdrücken möchte, dass die Fabrik im Besitz einer ganz bestimmten Familie ist. Das gilt besonders, wenn die Familie genannt wird: *Die Unternehmerin Frau Dr. Lukrezia Bodden ist stolz darauf, dass die Fabrik sich noch im Familienbesitz* (= im Besitz der Familie Bodden) *befindet*. Ähnlich: *in Urlaub sein* = allgemein: nicht arbeiten, *im Urlaub sein* = in einem bestimmten (z. B. seinem) Urlaub sein.

Das sind dann schon sehr feine Unterschiede. Meist werden beide Varianten als austauschbar empfunden: *in/im Hinblick*, *in bestem / im besten Einvernehmen*, *in/im Bau sein*, *in/im Umlauf sein* usw.

Bei Stoffbezeichnungen wird *in* bevorzugt (ohne dass *im* völlig falsch wäre): *in Schmalz anbraten*, *in heißem Öl sieden*, *in Salz einlegen*, *in Wasser auflösen* usw.

Anmerkung: Zu beachten ist, dass in Redewendungen der Einsatz von *in* oder *im* oft festgelegt ist: *in Anbetracht*, *in Betreff*, *in Bezug*, *im Stande sein* usw.

61. Auftrag für den Boten Karls des Großen

Deklination von mehrteiligen Personennamen

Die Deklination von mehrteiligen Personennamen ist nun wirklich nicht ohne. Man muss genau darauf achten, wie diese Wortgruppen aufgebaut sind.

Vorname(n) + Familienname

Bei Wortgruppen aus Vorname(n) und Familiennamen werden stets nur die Familiennamen dekliniert: *Edgar Stäubers Machenschaften*, *Rainer Maria Rilkes Panther-Gedicht*, *Solveig Garbos geniales Bauernopfer*.

Mehrere Vornamen (aber kein Familienname)

Bei mehreren Vornamen ohne Familienname wird nur der letzte Vorname dekliniert: *Eva Marias Führungsqualitäten*, *Karl Gustavs entscheidender Gewinn*, *Edgar Allans gut verkaufte Romane.*

Aber Achtung: Wird bei Kaiser-, Königs- oder Fürstennamen ein Vorname g e z ä h l t, wird dieser dekliniert, auch wenn ein weiterer folgt: *das Ende Gustavs II. Adolfs.*

Vorname(n) + Präposition + Familienname

Bei Wortgruppen aus Vorname(n) und Präposition (*von*, *zu*, *van*, *de*, *ten*) und Familienname wird in der Regel – wie sonst auch – der Familienname dekliniert: *das Veto Wolff von Amerongens*, *die Briefsammlungen Bettina von Arnims*, *Adrianus Franciscus Theodorus van der Hejdens Säuferroman*, *Cees ten Roerens Schlittschuh*, *Ronald de Boers Freistoßtor.*

Hat jedoch der Aspekt Ortsname größeres Gewicht, wird der Vorname dekliniert: *das Pommernspektakel Ottos von Bamberg*, *die Bedenken Annelieses zu Halle*, *etliche Minnelieder Walthers von der Vogelweide.*

Steht allerdings der Ortsname unmittelbar vor dem dazugehörenden Substantiv, wird a u c h manchmal der Ortsname dekliniert: *Otto von Bambergs Pommernspektakel* (neben: *Ottos von Bamberg Pommernspektakel*), *Anneliese zu Halles Bedenken* (neben: *Annelieses zu Halle Bedenken*), *Walther von der Vogelweides Minnelieder* (neben: *Walthers von der Vogelweide Minnelieder*).

Substantiv [+ Vorname(n)] + Familienname

Bei einer Wortgruppe aus artikellosem Substantiv und Namen wird nur der Name dekliniert: *Tante Claires Knie*, *die Schlächtereien Kaiser Karls*, *die innere Linie König Friedrichs II.*, *Ingenieur Hillebrands hervorragende Berechnungen*, *Bundestagspräsidentin Annemarie Rengers mahnende Worte.*

Allerdings nicht so bei *Herr* und substantivierten Partizipien: *Herrn Schröders nicht gefärbte Haarpracht*, *Bundestagsabgeordneten Fischers beleidigende Wortmeldungen.*

Artikel/Pronomen [+ Adjektiv(e)/Partizip(ien)] + Substantiv [+ Vorname(n)] + Name

Bei Wortgruppen, die aus Artikel/Pronomen, eventuell Adjektiv/ Partizip, Substantiv und Name bestehen, wird das Substantiv (also die Verwandtschafts-, Berufsbezeichnung, der Titel, Rang usw.) dekliniert, nicht aber der Name: *das Knie meiner Tante Claire, die Schlächtereien des Aachener Kaisers Karl, die innere Linie des berüchtigten Königs Friedrich II., die hervorragenden Berechnungen des Ingenieurs Hillebrand, die mahnenden Worte der Bundestagspräsidentin Annemarie Renger.*

Eine der beiden letzten Wortgruppen + Apposition

Folgt einer der letzten beiden Wortgruppen eine Apposition, steht diese im gleichen Kasus wie der deklinierte Teil dieser Wortgruppe: *bei Ludwig dem Frommen; der Bote [Kaiser] Karls des Großen / der Bote des Kaisers Karl des Großen; für Architekt Kaalen, den Angeber; für den Architekten Kaalen, den Angeber.*

Besonderheiten

Der Titel *Doktor* (*Dr.*) und die Anrede *Fräulein* werden grundsätzlich nicht dekliniert: *einige Arbeiten des verehrten Doktor Gatzeschneider, die Schamesröte deines Fräulein Wandmeier.*

Mehrere Substantive [+ Vornamen(n)] + Familiennamen

Bei einer Wortgruppe aus zwei oder mehr artikellosen Substantiven und einem Namen wird nur der Name dekliniert: *Akademischer Rat Diplomingenieur Dittmers Planungen, Ratsherr Professor Pilengrams Einspruch.*

Artikel/Pronomen [+ Adjektiv(e)/Partizip(ien)]+ mehrere Substantive [+ Vorname(n)] + Familiennamen

Bei Wortgruppen, die aus Artikel/Pronomen, eventuell Adjektiv/ Partizip, mehreren Substantiven und Name bestehen, wird in der Regel nur das erste Substantiv (also die erste Verwandtschafts-, Berufsbezeichnung, der erste Titel, Rang usw.) dekliniert, nicht aber das/die folgende(n) und der Name: *der reizende Einfall des Intendanten Magister Michael Schönhuber, die Beanstandungen des Bauleiters Oberingenieur Marxer.*

Wenn eine solche Wortgruppe mit *Herr* beginnt, wird auch das folgende Substantiv dekliniert (obwohl es dann das zweite Substantiv ist): *der reizende Einfall des Herrn Intendanten Magister Michael Schönhuber.*

Zudem werden substantivierte Partizipien in solchen Wortgruppen immer dekliniert, egal, an welcher Stelle sie stehen: *der Werdegang des Herrn Zentralkomitee-Vorsitzenden Bischof Dr. Luvfrau.*

Vgl. auch Fehler 33.

62. Die Führung der CDU/CSU, das Schlimmste befürchtend / das Beste hoffend, begab sich in Klausur

Leerzeichen vor und nach dem Schrägstrich

Macht man nun Leerzeichen vor und nach dem Schrägstrich oder nicht? Schwer zu sagen. Denn weder in der offiziellen Rechtschreibregelung noch im Duden noch in der DIN 5008 ist ein Wort darüber zu finden. Man kann also nur schauen, wie es praktisch gemacht wird, wenn ein Schrägstrich vorkommt: in der offiziellen Regelung immer ohne Leerzeichen (allerdings gibt es da lediglich Beispiele, in denen auf beiden Seiten des Schrägstrichs jeweils nur ein Wort zur Disposition steht). Diesem Vorgehen schließt sich der Duden, Bd. 1, der Rechtschreib-Duden, an wie auch die DIN 5008 in ihren drei Beispielen unter dem Stichwort «Schrägstrich». Auch im erläuternden Text der DIN 5008 kommt der Schrägstrich immer ohne Leerzeichen vor (allerdings gibt es auch hier nur Beispiele, in denen auf beiden Seiten des Schrägstrichs jeweils ein Wort zur Disposition steht). Beim Schrägstrich als Bruchstrich tritt in der DIN 5008 allerdings sowohl die Schreibung mit als auch ohne Leerzeichen auf, ebenso bei alphanumerischen Zeichen (Kundennummern, Vorgangszeichen etc.). Für den bei Zustellangaben, die Gebäudeteil, Stockwerk oder Wohnungsnummer umfassen, üblichen doppelten Schrägstrich werden sogar explizit Leerzeichen gefordert. Im Duden, Bd. 9, Richtiges und gutes Deutsch, werden nur Einheiten ohne Leerzeichen geschrieben. Sonst erhält der Schrägstrich immer Leerzeichen. Mit anderen Worten: Eine feste Regel gibt es nicht.

Hier ein Vorschlag: Bei Einheiten sollte man den Schrägstrich ohne Leerzeichen verwenden: *km/h*, *l/m2*, *J/s* usw. Ansonsten ist es hilfreich zu unterscheiden, ob die beiden Alternativen, die durch den Schrägstrich geschieden werden, jeweils nur aus einem Wort bestehen oder ob mindestens eine aus mehr als einem Wort besteht. Bestehen beide Alternativen aus einem Wort, kann man auf Leerzeichen verzichten: *das Doppel Kiefer/Schüttler*, *die Führung der CDU/CSU*. Besteht aber mindestens eine der Alternativen aus mehr als einem Wort, bietet es sich an, vor und hinter dem Schrägstrich ein Leerzeichen einzufügen. Denn bei dieser Variante ist die Verwirrung darüber, über wie viele Wörter sich nun die durch den Schrägstrich angezeigte Alternative erstreckt, weniger stark, als sie es ohne Leerzeichen wäre: *das Doppel Nicolas Kiefer / Rainer Schüttler, ... als wir – das Schlimmste befürchtend / das Beste hoffend – in den Saal traten ...*

63. Lehrerinnen von unter 30 Jahren, die also unter 30 Jahre alt sind

Rektion bei *unter* und *über*

Normalerweise treten *unter* und *über* als Präpositionen auf. Sie regieren den Dativ, wenn man *wo?* fragt: *Das Ergebnis liegt über dem Durchschnitt. Ihr Sozialverhalten ist ja wirklich unter aller Kanone! Wohnen Sie unter den beiden Lehrerinnen?* Sie regieren den Akkusativ, wenn man *wohin?* fragt: *Lassen Sie uns doch über die Ebenen reiten. Das geht jetzt aber unter die Gürtellinie! Wie konntest du nur unter die Lehrerinnen geraten?*

Manchmal aber regieren *über* und *unter* gar nichts. Dann werden diese Wörter nämlich nicht als Präpositionen, sondern als Adverbien verwendet: *Immerhin gehörst du dann ja zu der exklusiven Gruppe der Lehrerinnen von unter 30 Jahren. Es gibt in unseren Gymnasien nämlich gar nicht allzu viele Lehrerinnen, die unter 30 Jahre alt sind.* Im ersten Satz verdankt sich der Dativ *Lehrerinnen* nicht dem Wort *unter*, sondern der Präposition *von*, die den Dativ fordert. Auch im zweiten Satz regiert *unter* nichts. In beiden Fällen kann man das dadurch testen, dass man das Wort *unter* versuchsweise weglässt: Es bleibt ein grammatisch korrekter Satz übrig: *Es gibt in unseren Gymnasien nämlich nicht allzu viele Lehrerinnen, die 30 Jahre alt sind.* Das würde in den ganz oben genannten Beispielen nicht funktionieren, da dort *unter* und *über* als Präpositionen auftreten, etwa: **Wie konntest du nur die Lehrerinnen geraten?*

64. An das/die Glashaus GmbH

Kongruenz bei Firmennamen

Zusätze in Firmennamen wie *AG, eG, GmbH, KG, OHG* u. Ä. gelten als Bestandteile des Namens. Daher steht zwischen Firmennamen und Zusatz kein Komma: *Aachener Bank eG, Hella KG, Swiss Re Germany AG, Trommsdorff GmbH & Co.*

Numerus und Genus (Zahl und Geschlecht) werden in der Regel vom Grundwort des mehrteiligen Firmennamens bestimmt, nicht vom Zusatz. Genus: *an d a s Glashaus GmbH, die Bilanz d e s Hüttenwerks Breinig AG.* Numerus: *Die Rheinischen Nadelwerke KG und Co. s t e h e n vor der Insolvenz. Der überraschende Erfolg bescherte d e n Allgemeinen Versicherungen AG etliche unerwünschte Nachahmer.*

Bisweilen ist jedoch der Zusatz so in den Namen eingebunden, dass er zum Grundwort des Firmennamens wird. In diesen Fällen ist ausnahmsweise der Zusatz für Genus und Numerus ausschlaggebend. Genus: *die Geschäftsstrategie d e r Abfall-und-Altöl-Gesellschaft mbH & Co. OHG, der Output d e r INPUTgesellschaft für empirische Forschung und Marketing in der Medizin mbH.* Numerus: *D e r Sächsische-Mühlen-Gesellschaft mbH wird ein vorzügliches Personalmanagement nachgesagt.*

Firmennamen, die aus mehreren Personennamen (etwa Nachnamen) bestehen wie *Mendel & Seuchen, Mendel, Seuchen & Wurz* oder *Mendel & Partner*, können sowohl singularisch wie auch pluralisch aufgefasst werden. Daher kann ein Verb, das sich auf einen solchen Firmennamen als Subjekt bezieht, sowohl im Singular als auch im Plural stehen: *Mendel & Seuchen s c h r e i b e n wieder schwarze Zahlen.* (Im Sinne von: *Die Geschäftsleute Mendel und*

Seuchen schreiben wieder schwarze Zahlen.) Mendel & Seuchen schreibt wieder schwarze Zahlen. (Im Sinne von: *Das Unternehmen Mendel & Seuchen schreibt wieder schwarze Zahlen.*)

65. Das habe ich kommen gesehen/sehen

Infinitiv als Ersatz für das Partizip II

In der Regel benötigt man im Deutschen, um die Perfektzeiten (Perfekt, Plusquamperfekt und Futur II) zu bilden, das Partizip II (auch: 2. Partizip, Partizip Perfekt Passiv): *ich habe gedacht, sie hatte gelacht, ihr werdet gewonnen haben.*

Doch bei einigen Verben mit *haben*-Perfekt wird das Partizip II durch den Infinitiv ersetzt, allerdings nur dann, wenn sie mit einem weiteren Infinitiv verbunden sind: *Du hast das nicht erledigen können.* Aber: *Du hast das nicht gekonnt.*

Immer wird das Partizip II in den Perfektzeiten durch den Infinitiv ersetzt bei den Modalverben *dürfen, können, mögen, müssen, sollen, wollen,* wenn diese mit einem weiteren Infinitiv verbunden sind, und auch das Verb *brauchen* tut dies: *Das hat Rachel gar nicht mal denken können. Ihnen wurde klar, dass sie die Aktien nicht hatten verkaufen dürfen. Diesen Zusammenhang hat mir Andrea nicht erst groß zu erklären brauchen.*

Überwiegend durch den Infinitiv ersetzt wird das Partizip II bei den Verben *heißen* (= auffordern, befehlen), *lassen* (wenn es mit A.c.I. steht, vgl. Fehler 90) und *sehen*: *Das habe ich kommen sehen* (seltener: *gesehen*). *Cäsar hat die Atuatuker nicht entkommen lassen. Der Tycoon hatte die Chairmen abstimmen heißen* (auch: *geheißen*).

Bei *lassen* wird neben dem Ersatzinfinitiv besonders dann auch das Partizip II eingesetzt, wenn es sich um eine übertragene Bedeutung handelt: *Die Trapezartistin hat ihren Partner einfach wie einen begossenen Pudel stehen gelassen/lassen. Hatte damals der Ministerpräsident seinen Justizminister fallen gelassen/lassen oder nicht?*

Sowohl mit dem Partizip II als auch mit dem Ersatzinfinitiv bilden die Verben *fühlen, helfen* und *hören* die Perfektzeiten: *Die sensible Grabungsleiterin hatte die Katastrophe nahen fühlen/gefühlt. Dr. Brandenburg hat uns das Produkt Erfolg versprechend am*

Markt platzieren helfen/geholfen. Wir werden das Gras haben wachsen hören. / Wir werden das Gras wachsen gehört haben.

Eine Besonderheit ist der Infinitiv Perfekt. Hier tritt das Partizip II in einem bestimmten Fall selbst bei den Verben wieder auf, die es sonst grundsätzlich durch den Infinitiv ersetzen. Dieser Fall tritt ein, wenn *haben* am Ende der Infinitivgruppe steht: *Hinterher kannst du natürlich leicht behaupten, das alles kommen gesehen zu haben. Rachel erinnert sich, das gar nicht mal denken gekonnt zu haben.*

Eine Besonderheit ist auch, dass sich die Wortstellung unterscheiden kann, je nachdem, ob man das Partizip II oder den Ersatzinfinitiv wählt. Der Ersatzinfinitiv steht nämlich stets am Ende: *Die sensible Grabungsleiterin war sich gar nicht mehr so sicher, ob sie die Katastrophe nahen gefühlt hatte / ob sie die Katastrophe hatte nahen fühlen.*

Anmerkung: Im Passiv ist kein Ersatzinfinitiv möglich: *Er hat den Schirm liegen lassen/gelassen.* Aber nur: *Der Schirm ist von ihm liegen gelassen worden. Die Bergsteiger hatten den Yeti in einer Höhle liegen sehen/gesehen.* Aber nur: *Der Yeti ist von den Bergsteigern in einer Höhle liegen gesehen worden.*

66. Der Key-Account-Manager hatte dem Boss zugesagt, ihn/sich dafür ins Gespräch zu bringen

Gebrauch des Reflexivpronomens in Partizipialattributen und erweiterten Infinitiven

Bei Partizipialattributen ist es oft schwierig zu entscheiden, ob ein Reflexiv- oder ein Personalpronomen zu verwenden ist: *Die über ihr/sich drohenden lockeren Felsmassen musste Ingi jetzt erst einmal außer Acht lassen.* Hier hilft die Relativsatzprobe: *Die lockeren Felsmassen, die über ihr* (nicht: *sich*) *drohten, musste Ingi jetzt erst einmal außer Acht lassen.* Also heißt es auch: *Die über ihr drohenden lockeren Felsmassen musste Ingi jetzt erst einmal außer Acht lassen.*

Noch schwieriger wird es mit der Wahl des passenden Pronomens bei erweiterten Infinitiven mit *zu*. Ob man hier ein Reflexiv- oder ein Personalpronomen verwendet, hängt allein davon ab, wer in der Infinitivgruppe handelt. Sind in der Infinitivgruppe der Handelnde und das Objekt der Handlung identisch, wird das Reflexivpronomen verwendet: *Der Key-Account-Manager hatte dem Boss zugesagt, sich dafür ins Gespräch zu bringen.* Der Key-Account-Manager handelt im übergeordneten Satzglied: Er sagt zu. Wichtiger aber: Er handelt auch in der Infinitivgruppe: Er bringt ins Gespräch. Wen? Sich selbst. Handelnder und das Objekt der Handlung sind identisch. Also wird das Reflexivpronomen verwendet. Ganz anders aber, wenn der Manager den Boss ins Gespräch bringt. Dann sind in der Infinitivgruppe der Handelnde und das Objekt der Handlung nicht mehr identisch. Wer handelt? Der Key-Account-Manager, er bringt ins Gespräch. Wen? Den Boss. Also ist das Personalpronomen zu verwenden: *Der Key-Account-Manager hatte dem Boss zugesagt, ihn dafür ins Gespräch zu bringen.* Auch wenn die Handelnden des übergeordneten Satzgliedes und der Infinitivgruppe nicht übereinstimmen, ist nur der Handelnde der Infinitivgruppe maßgebend: *Der Key-Account-Manager nötigt den Boss, sich dafür ins Gespräch zu bringen.* Hier nun ist der Boss der Handelnde der Infinitivgruppe, so dass sich das Reflexivpronomen nun auf den Boss bezieht: Der Boss soll sich ins Gespräch bringen. Sollte der Key-Account-Manager ins Gespräch gebracht werden, müsste man nun in diesem Beispiel das Personalpronomen wählen: *Der Key-Account-Manager nötigt den Boss, ihn dafür ins Gespräch zu bringen.*

67. Was kann's Schöneres/Schön'res geben?

e-Ausfall bei Adjektiven

Manchmal ist der Ausfall der Normalfall. So bei allen Adjektiven, die auf *-el* enden: *dunkel, edel, eitel, heikel, sensibel, übel* u. a. Bei ihnen fällt nämlich in den deklinierten Formen das *-e-* vor dem *-l* regelmäßig aus: *ein wirklich edles Holz, dem sensiblen Headhunter.*

Bei Adjektiven auf *-er* und *-en* fällt das *-e-* in der Regel nicht aus, aber falsch ist solch ein Ausfall nicht: *ein heiterer/heitrer Jeck, trockener/trockner Humor.* Wenn allerdings unmittelbar vor *-en* bzw. *-er* noch ein *-au-* oder *-eu-* steht wie bei: *sauer, geheuer, teuer, ungeheuer* u. a. oder das Adjektiv ein Fremdwort ist wie: *integer, illuster, makaber*, dann fällt das *-e-* stets aus: *ungeheure Altlasten, teure Aktiengeschäfte, eine illustre Runde.*

Im Komparativ verzichten Adjektive auf *-el* wie im Positiv stets auf das *-e-*: *eine noch heiklere feindliche Übernahme*, *eitler als Marcel*, *dunklerer Wald.*

Adjektive auf *-er* und *-en* verhalten sich, was den *e*-Ausfall angeht, im Komparativ genau so wie im Positiv: *trockenerer/trocknerer Wein*, *ein etwas lockerer/lockrerer Typ*, *ein immer saurer werdender Trainer*, *makabrer als gedacht.*

Anmerkung: In besonderen Fällen, etwa in Gedichten, wird mitunter auch im Komparativ von im Positiv einsilbigen Adjektiven wie *schön*, *dick*, *alt*, *groß* u. a. aus rhythmischen Gründen ein *-e-* ausgelassen: *Was kann's Schöneres/Schön'res geben?* (Zum Apostroph vgl. Fehler 28.)

Wenn ein Partizip II auf *-en* dekliniert wird, fällt das *-e-* bisweilen ebenfalls aus, freilich selten: *ein erzwungenes/erzwungnes Lächeln*, *ein ins Abseits geratener/geratner Politiker*, *ein gelungenes/gelungnes Leben.*

Beim regelmäßig auf *-t* ausgehenden Partizip II wird der Superlativ gebildet, indem man die Silbe *-este anfügt*: *gefeierteste Speiselokale*, *geeigneteste Bewerber.* Das *-e-* kann in einigen Fällen auch hier ausfallen: *gefeiertste Speiselokale*, *geeignetste Bewerber.* Wenn das Partizip auf *-st*, *-ßt*, *-sst*, *-scht*, *-zt*, *-tzt* endet oder endbetont ist, kann das *-e-* allerdings nicht ausfallen: *das verhuschteste Mädchen des Seminars*, *der gereizteste Chef der Welt*, *die ausgesuchtesten Miederwaren*, *die anerkanntesten Experten.*

68. *Reggae – eine sozialpolitische Betrachtung / Reggae. Eine sozialpolitische Betrachtung*

Zeichensetzung in Überschriften, Bildunterschriften und Randbemerkungen

Überschriften und Schlagzeilen erhalten keinen Schlusspunkt. Ausrufe- oder Fragezeichen werden jedoch gesetzt, auch die Satzbinnenzeichen wie Komma, Gedankenstrich oder Klammern:

Hilfe!
Wo ist der Tipper, der den Jackpot geknackt hat?
Alles, was schlank macht

Besteht eine Überschrift aus mehreren Sätzen (es können auch verkürzte Sätze sein), erhalten alle ihr Satzschlusszeichen außer dem letzten Satz (es sei denn, der letzte Satz fordert ein Ausrufe- oder Fragezeichen):

Navis-Werften melden Insolvenz an. Insolvenzverwalter Björn Hiller ist zuversichtlich
Navis-Werften melden Insolvenz an. Ist der Standort Meerstadt gefährdet?
Reggae. Eine sozialpolitische Betrachtung
Was tun? Zur Aktualität Lenins

Erhält die Überschrift einen erläuternden Zusatz, der mit einem Gedankenstrich angeschlossen ist, wird (wenn nicht zufällig ein substantivisch verwendetes Wort folgt) klein weitergeschrieben:

Reggae – eine sozialpolitische Betrachtung
Cholesterin – eine erfundene Gefahr

Wenn Bildunterschriften aus nicht mehr als einer Floskel oder einem Satz bestehen, werden sie wie Überschriften behandelt. Bei größerem Umfang werden sie wie der normale Fließtext geschrieben.

Randbemerkungen werden wie normaler Fließtext behandelt. Besteht die Randbemerkung aber nicht aus einem ganzen Satz, verzichtet man auf den Schlusspunkt.

69. *5-%-Klausel / 5 %-Klausel, 5 %, § 4, T€*

Leerzeichen bei Sonderzeichen

Grundsätzlich gilt: Steht ein Sonderzeichen für ein Wort, wird es – wie ebendieses Wort – mit Spatium (Leerzeichen) von dem vor- und nachstehenden Wort getrennt: *5 % der Bevölkerung*, *wie § 4 der gleichen Verordnung*, *eine 25 km lange Strecke*, *Meister & Nagel GmbH*, *wenn wir 24 + 1,2 = 25,2 herausbekommen*, *Werkpläne im Maßstab 1 : 50*, *geöffnet: 10 – 13 Uhr* (mit Spatien nach DIN 5008, aber nach Duden ohne: *10–13 Uhr*) usw.

Allerdings gilt das nicht für die Schreibung i n n e r h a l b von Einheiten, hier richtet man sich nach den Üblichkeiten: *eine Temperatur von –2 °C am Morgen*, *55 km/h*, *5 mV*, *H_2O* usw.

Regelgemäß ist dagegen die spatienlose Schreibweise §§ für *Paragraphen*, da das Zeichen hier nur für e i n Wort steht.

In Vordrucken, Tabellen u. Ä. können Leerzeichen aus Platzgründen wegfallen.

Grundsätzlich ohne Spatium schreibt man Vorzeichen, Exponenten, andere hochgestellte Zeichen und Indizes an Zahlen bzw. Buchstaben: *–20 °C*, *–3 + 2 = –1*, *eine Wohnung von 400 m²*, $2^4 = 4^2$, $(x - y)^b$, *ein Winkel von 74° 53' 2"*, H_2O, $x_{1/2}$, S_n usw.

In Anlehnung an *TDM* für *...000 DM* schreibt man meist *TEUR* oder *T€* für *...000 EUR*.

Anmerkung: Ein bisschen undurchsichtig wird es mit der *5 %-Klausel*. Als Zusammensetzung ist eigentlich die Schreibweise *5-%-Klausel* richtig, aber dem typographischen Usus entspricht eher die erste Version mit Festabstand oder ganzem Spatium, falls ein Festabstand nicht machbar ist. Es sind folgende Schreibungen festzuhalten: *5 % der Bevölkerung*, *5%ig*, üblich: *5 %-Klausel*, besser: *5-%-Klausel*, natürlich immer möglich: *Fünf-Prozent-Klausel* oder *5-Prozent-Klausel*.

70. Bücher des Autors

Starke oder schwache Deklination

Bei Fremdwörtern mit der auf das Lateinische zurückgehenden Endung *-or* wie *Autor* weiß man oft nicht so recht: Wird das Wort stark gebeugt: *des Autors*? Oder doch eher schwach: *des Autoren*?

Wenn Fremdwörter aus dem Lateinischen, die auf *-or* enden, auf der vorletzten Silbe betont werden (bei zweisilbigen Wörtern also auf der ersten), werden sie im Singular stets stark gebeugt: *der Autor*, *des Autors*, *dem Autor*, *den Autor* oder auch: *der Doktor*, *des Doktors* usw. Im Plural dagegen wird schwach gebeugt: *die Autoren*, *der Autoren*, *den Autoren*, *die Autoren*. Es wird also gemischt dekliniert.

Wird jedoch die letzte Silbe betont wie etwa bei *Tenor*, wird vollständig stark dekliniert. Also im Singular: *der Tenor*, *des Tenors*, *dem Tenor*, *den Tenor* und im Plural: *die Tenöre*, *der Tenöre*, *den Tenören*, *die Tenöre*.

Anmerkung: Nicht zur besprochenen Gruppe zählt das Wort *Matador*. Es stammt nicht aus dem Lateinischen, sondern ist aus dem

Spanischen zu uns gelangt. Man kann den Stierkämpfer sowohl stark deklinieren (Singular: *der Matador*, *des Matadors*, *dem Matador*, *den Matador*, Plural: *die Matadore*, *der Matadore*, *den Matadoren*, *die Matadore*) als auch schwach (Singular: *der Matador*, *des Matadoren*, *dem Matadoren*, *den Matadoren*, Plural: *die Matadoren*, *der Matadoren*, *den Matadoren*, *die Matadoren*).

71. Krise des Baus/Baues

Deklination mit oder ohne Genitiv-*e*

Genitiv stets auf -*es* Der Genitiv Singular wird auf -*es* gebildet bei Substantiven im Maskulinum und Neutrum, die auf einen Zischlaut wie -*s*, -*ß*, -*x*, -*z*, -*tz* enden: *des Hauses*, *des Spaßes*, *des Genossen*, *des Industriekomplexes*, *des Kleckses*, *des Reizes*, *des Witzes*.

Ausnahmen sind z. B. die meisten Fremdwörter auf -*us*. Sie bleiben in der Regel endungslos: *des Status*, *des Rhythmus*, *des Tonus*, *des Marxismus* usw. Man beachte aber einige wenige Substantive, die den Genitiv auf zwei verschiedene Weisen bilden können: *des Atlas/Atlasses*, *des Bonus/Bonusses*, *des Malus/Malusses*, *des Globus/Globusses*. (Vgl. Fehler 36)

Genitiv stets auf -*s* Stets auf -*s* wird der Genitiv Singular im Maskulinum und Neutrum gebildet bei

- mehrsilbigen Substantiven, die auf einen Trochäus enden (= Abfolge einer langen betonten und einer kurzen unbetonten Silbe); dies ist etwa bei mehrsilbigen Substantiven auf -*el*, -*em*, -*en*, -*er* meist der Fall: *des Flügels*, *des Atems*, *des Sparrens*, *des Jubelns*, *des Nagers*; aber: *des Kamels/Kameles* (Jambus = kurze und lange Silbe)
- Farbbezeichnungen und stark gebeugten Bezeichnungen von Sprachen, sofern sie nicht ganz ohne Endung verwendet werden: *eines giftigen Grüns*, *ihres hervorragenden Deutschs*

Ansonsten ist sowohl der Genitiv auf -*es* als auch der auf -*s* üblich. Allerdings lassen sich einige Bedingungen ausmachen, bei denen die eine oder die andere Form bevorzugt wird.

Genitiv eher auf -*es* Zum Genitiv auf -*es* neigt man in diesen Fällen besonders

- bei einsilbigen Substantiven (vor allem, wenn sie als Genitivattribut vorausgehen): *des Blutes, des Weines, des Mannes Zierde, des Tages Mühen, des Mutes Lohn, des Berges Ruf*
- bei Substantiven (außer Fremdwörtern), die auf der letzten Silbe betont werden (vor allem, wenn sie als Genitivattribut vorausgehen): *eines Gefühles, des Betrages, des Verdachtes ungeahnte Folgen*
- bei Zusammensetzungen mit Fugen-*s*: *eines Praktikumsplatzes, ihres Geburtstages, des Schadensfalles*

Genitiv eher auf -*s* Den Genitiv auf -*s* wiederum scheint man in diesen Fällen vor allem zu bevorzugen bei Substantiven, die auf Vokal, Diphthong oder Vokal und -*h* enden: *des eleganten Gnus, des Knies von Claire, die Tiere des Zoos, die Ursache des Staus, die Qualität des Heus, der Verbleib des Schuhs.*

72. Der Wimbledon-Finalist behauptete, dass der Stuhlschiedsrichter ihn betrogen hat/hatte/habe

Zeitenfolge in der indirekten Rede

In bestimmten Fällen ist in der indirekten Rede sowohl der Indikativ als auch der Konjunktiv möglich (vgl. Fehler 51, auch 43 und 44).

Wird in der indirekten Rede der Indikativ verwendet, steht normalerweise auch das gleiche Tempus wie in der direkten Rede:

Der so hart Angegangene erwiderte: «Ich bin nie in Husum gewesen.» → Der so hart Angegangene erwiderte, dass er nie in Husum gewesen ist.

Der Wimbledon-Finalist behauptete: «Der Stuhlschiedsrichter hat mich betrogen.» → Der Wimbledon-Finalist behauptete, dass ihn der Stuhlschiedsrichter betrogen hat.

Man teilte mir mit: «Ihr Sohn spielt auf Platz 8.» → Man teilte mir mit, dass mein Sohn auf Platz 8 spielt.

Es ist aber auch nicht ausgeschlossen, das Tempus gemäß den normalen Zeitenfolgeregelungen auf den Sprechzeitpunkt zu beziehen:

Man teilte mir mit, dass mein Sohn auf Platz 8 spielte. Der Wimbledon-Finalist behauptete, dass ihn der Schiedsrichter betrogen hatte.

Wird in der indirekten Rede der Konjunktiv eingesetzt, gelten folgende Beziehungen (wobei das Tempus, in dem das übergeordnete Verb steht, keine Rolle spielt):

direkte Rede	**indirekte Rede**
Indikativ Präsens: *Karl sagt / sagte / wird sagen / hat gesagt / hatte gesagt / wird gesagt haben: «Das geht prima.»*	Konjunktiv Präsens (informell auch: Konjunktiv Präteritum oder Umschreibung mit *würde*): *Karl sagt / … dass das prima gehe/(ginge / gehen würde).*
Indikativ Präteritum: *Karl sagt / …: «Das ging prima.»*	Konjunktiv Perfekt (informell auch: Plusquamperfekt Konjunktiv): *Karl sagt / … dass das prima gegangen sei/(wäre).*
Indikativ Futur I: *Karl sagt / …: «Das wird prima gehen.»*	Konjunktiv Futur I (informell auch Umschreibung mit *würde*): *Karl sagt / … dass das prima gehen werde/(würde).*
Indikativ Perfekt: *Karl sagt / …: «Das ist prima gegangen.»*	Konjunktiv Perfekt / Konjunktiv Plusquamperfekt: *Karl sagt / … dass das prima gegangen sei/wäre.*
Indikativ Plusquamperfekt: *Karl sagt / …: «Das war prima gegangen.»*	Konjunktiv Perfekt / Konjunktiv Plusquamperfekt: *Karl sagt / … dass das prima gegangen sei/wäre.*
Indikativ Futur II: *Karl sagt / …: «Das wird prima gegangen sein.»*	Konjunktiv Futur II / Umschreibung mit *würde*: *Karl sagt / … dass das prima gegangen sein werde/würde.*

Konjunktiv Präsens: *Karl sagt / …: «Das gehe doch bitte prima!»*	Umschreibung mit *möge*, *solle*, *wolle* usw.: *Karl sagt / … dass das doch bitte prima gehen möge.*
Konjunktiv Präteritum / Umschreibung mit *würde*: *Karl sagt / …: «Das ginge prima / würde prima gehen, wenn …»*	Konjunktiv Präteritum / Umschreibung mit *würde*: *Karl sagt / … dass das prima ginge / gehen würde, wenn …*
Konjunktiv Plusquamperfekt: *Karl sagt / …: «Das wäre prima gegangen, wenn …»*	Konjunktiv Plusquamperfekt: *Karl sagt / … dass das prima gegangen wäre, wenn …*

73. Das Geld hat/ist auf der Straße gelegen

Haben- oder *sein-*Perfekt

«Sein oder nicht sein?», das ist hier wieder einmal die Frage oder wie bei Howard Hawks: «Haben oder nicht haben?» Wann bildet ein Verb seine Perfekt-Zeiten (Perfekt, Plusquamperfekt und Futur II) mit *haben*, wann mit *sein*?

Die meisten Grammatiker gehen davon aus, dass die Perfektbildung mit *haben* der Normalfall ist. Dem schließen wir uns an. Zu klären bleibt, wann dann der Sonderfall eintritt und eine Perfektzeit mit *sein* gebildet wird.

Dazu ist festzuhalten, dass alle transitiven Verben, also alle Verben, die ein Akkusativobjekt binden können und daher passivfähig sind, Perfekt, Plusquamperfekt und Futur II mit *haben* bilden: *Der bekannte Journalist hat eine wahnsinnige Musil-Biographie vorgelegt. In ein oder zwei Jahren werde ich sie gelesen haben*. Auch alle reflexiven Verben bilden die Perfektzeiten mit *haben*, und zwar unabhängig davon, ob sie transitiv sind oder intransitiv: *Ina hat sich in Grund und Boden geschämt. Hatte sie sich doch unvorsichtigerweise nicht eines Kommentars enthalten. Der neue Stürmer hat sich eine Ausstiegsklausel vorbehalten.*

Daraus kann man umgekehrt schließen: Ein Verb muss nichtreflexiv und intransitiv sein, will es eine Chance auf ein *sein*-Perfekt haben.

Doch diese beiden Bedingungen reichen nicht aus. Es muss außerdem telisch sein, und zwar in Bezug auf das Subjekt.

Was heißt nun «telisch»? Mit den Begriffen «telisch» und «atelisch» werden zwei verschiedene Aktionsarten von Verben unterschieden. Dabei handelt es sich um eine Bedeutungsunterscheidung. Mit «telisch» bezeichnet man solche Verben, die sich auf einen Nachzustand eines der am Vorgang Beteiligten beziehen: *Anna und Hans haben fünf Kinder großgezogen*. Der Nachzustand: Jetzt sind die Kinder groß. Allerdings sieht man sofort: In diesem Beispielsatz wird ein *haben*-Perfekt verwendet. Das liegt daran, dass das Verb in Bezug auf das Akkusativ-Objekt *fünf Kinder* telisch ist und nicht wie gefordert in Bezug auf das Subjekt *Anna und Hans*. (Verben mit Akkusativ-Objekt, also transitive Verben, bilden sowieso immer die Perfektzeiten mit *haben*.) Telisch in Bezug auf das Subjekt ist das Verb in folgendem Satz: *Endlich ist Frau Dr. Schneider in der Chefetage angekommen*. Der Nachzustand: Frau Dr. Schneider (das Subjekt des Satzes) ist jetzt in der Chefetage. Bei einem Verb wie *arbeiten* etwa wird dagegen überhaupt kein Nachzustand in den Blick genommen: *Nun arbeitet Frau Dr. Schneider endlich in der Chefetage*. In Bezug auf das Subjekt telische Verben sind z. B.: *ankommen*, *aufbleiben*, *aufblühen*, *auffallen*, *aufkommen*, *bleiben*, *einschlafen*, *einnicken*, *entgleiten*, *entgehen*, *gelingen*, *geschehen*, *glücken*, *missglücken*, *passieren*, *sterben*, *umziehen* (= Wohnung wechseln), *untergehen*, *unterlaufen* (= als Versehen auftreten), *vergehen*, *verklingen*, *werden* usw.

Schwieriger gestaltet sich die Angelegenheit bei Bewegungsverben wie *joggen*, *laufen*, *fahren*, *fliegen*, *paddeln*, *reiten*, *rodeln*, *rudern*, *schwimmen*, *tanzen*, *tauchen*, *traben*, *wandern* u. a. Werden sie mit einer Richtungsangabe verwendet, ist mit der Bewegung ein Nachzustand erreicht. Damit sind die Verben telisch und bilden die Perfektzeiten mit *sein*: *Der Jammerlappen ist doch tatsächlich den Ziehweg hinunter gerodelt. Was ist denn in die Aktienmärkte gefahren? Etliche Dotcoms sind da in ein unternehmerisch gefährliches Fahrwasser gerudert. Welcher Broker ist da wieder aus der Reihe getanzt?*

Bei Ortsangaben oder wenn andere oder gar keine Angaben verwendet werden, kommt ein Nachzustand überhaupt nicht in den Blick. Dadurch werden die Verben atelisch und bilden die Perfektzeiten mit *haben* (*sein* ist allerdings auch möglich): *Der Jammerlappen hat* (seltener auch: *ist*) *doch tatsächlich im Ziehweg gerodelt.*

Etliche Dotcoms haben (auch: *sind*) *da in einem unternehmerisch gefährlichen Fahrwasser gerudert. Welcher Broker hat die ganze Nacht getanzt?* Aber meist nur: *Wer ist in der Fußgängerzone gefahren?* Denn *fahren* (ebenso wie *fliegen*) besitzt auch eine transitive Variante (*jemanden/etwas fahren/fliegen*) mit obligatorischem *haben*-Perfekt. Um hier klar zu unterscheiden, wird bei den intransitiven Varianten meist auf das *haben*-Perfekt verzichtet, selbst wenn es möglich wäre.

Anmerkung: Einige transitive Verben halten sich allerdings nicht an die Regeln. Zum Beispiel dann nicht, wenn es gilt, zwei Bedeutungen zu unterscheiden wie beim Verb *bummeln*. Dieses bildet nämlich auch dann ein *sein*-Perfekt, wenn es atelisch gebraucht wird: *Dann sind die beiden Mädchen noch ein wenig gebummelt.* Allerdings nur dann, wenn *bummeln* im Sinne einer gelassen unaufgeregten Bewegung verwendet wird. Wenn *bummeln* im Sinne von «trödeln» verwendet wird, setzt man zur Unterscheidung das *haben*-Perfekt ein: *Die beiden Mädchen haben in ihrem Studium doch arg gebummelt.* Die Verben *gehen* und *reisen* werden dagegen stets mit *sein*-Perfekt gebildet: *Wir sind gemütlich gegangen, statt zu hetzen. Dein Neffe ist viel gereist.*

Da *liegen*, *stehen* und *sitzen* sicher nicht telisch sind, ist bei ihnen auch ein *haben*-Perfekt zu erwarten: *Warum haben wir eigentlich im Straßengraben gelegen? Schüchtern hat der Tanzschüler die ganze Zeit nur an der Tür gestanden. Das hat gesessen!* Dennoch wird – als kleine regionale Eigenheit – in Süddeutschland, Österreich und der Schweiz gern mit *sein* gebildet: *Die Wertsachen sind im Wäscheschrank gelegen, wo seltsamerweise auch der Likör gestanden ist. Oma ist den ganzen Tag im Schaukelstuhl gesessen.*

74. Freiabo dieses vierzehntäglich/vierzehntägig erscheinenden Blattes

Adjektive auf *-ig*, *-isch* oder *-lich*

Wem leuchtete nicht unmittelbar ein, dass *herzig* und *herzlich* durchaus nicht das Gleiche bezeichnen? Die beiden verwechselt man kaum. Das sieht bei *vierzehntägig* und *vierzehntäglich* ganz anders aus. Die geraten häufiger durcheinander, obwohl auch sie

Verschiedenes bedeuten. Zeitangaben auf *-ig* bezeichnen nämlich die Dauer: *vierzehntägig* (= vierzehn Tage lang), während solche auf *-lich* die Wiederholung eines Vorgangs nach einem bestimmten Zeitraum ausdrücken: *vierzehntäglich* (= alle vierzehn Tage): *eine vierzehntägige Kanuwanderung, ein vierzehntäglich erscheinendes Blatt. Ein vierzehntägig erscheinendes Blatt* wäre eines mit einer arg kurzen Überlebensdauer.

Das Adjektiv *fremdsprachig* heißt: in einer fremden Sprache. Das Adjektiv *fremdsprachlich* dagegen heißt: eine fremde Sprache betreffend, zu einer fremden Sprache gehörend. Damit bedeutet *fremdsprachiger Unterricht*, dass in einer fremden Sprache (irgendetwas, z.B. Physik oder Sport, eventuell auch diese fremde Sprache selbst) unterrichtet wird, während *fremdsprachlicher Unterricht* bedeutet, dass eine fremde Sprache unterrichtet wird (eventuell sogar rein analytisch in der eigenen Muttersprache). So heißt es also: *sich mit fremdsprachigen Menschen unterhalten können, fremdsprachige Radiosendungen hören, fremdsprachige Romane, der Reiz fremdsprachiger Literatur* usw. Aber: *fremdsprachliche Vergleiche, fremdsprachliche Wörter im Deutschen, fremdsprachliche Grammatik* usw.

75. Weihnachten war/waren dieses Jahr wieder arg dramatisch

Kongruenz im Numerus bei Pluraliatantum

Eigentlich sollte man ja denken: Wenn es keinen einzigen **Leut* gibt, dann erst recht nicht mehrere *Leute*. Und wo keine **Koste* und wo keine **Ferie*, da können auch keine *Kosten* für *Ferien* anfallen. Aber: Weit gefehlt. Im Deutschen gibt es eben doch etliche Substantive, die allein im Plural auftreten: *Eltern, Ferien, Finanzen, Gezeiten, Iden, Kosten, Leute, Treber, Unkosten* u.a. Solch ein Substantiv, ein Pluraletantum, fordert dann natürlich an den entsprechenden Stellen die Plural-Kongruenz: *Die Gezeiten weisen in der Gegend von St. Malo besonders große Unterschiede in den Wasserständen auf. Überforderte Eltern wälzen die Verantwortung für ihren Nachwuchs gern auf Lehrer ab.*

Schwierigkeiten machen die hohen kirchlichen Feiertage: *Allerheiligen, Ostern, Pfingsten, Weihnachten.* Heißt es nun: *Weihnachten waren dieses Jahr wieder arg dramatisch*? Oder eher: *Weihnachten war dieses Jahr wieder arg dramatisch*?

Sprachgeschichtlich gesehen ist *Weihnachten* aus einem Plural hervorgegangen, und zwar einem im Dativ: mittelhochdeutsch *ze den wîhen nahten* (= an den heiligen Nächten). Im Laufe der Zeit aber wurde der Begriff mehr und mehr als Singular aufgefasst, und heute gilt der Singular (Neutrum) als die Regel: *Weihnachten war dieses Jahr wieder arg dramatisch*. Es wird meist kein Artikel oder Pronomen gebraucht. Mit Artikel oder Pronomen wird *Weihnachten* standardsprachlich kaum verwendet, man weicht dann auf Zusammensetzungen aus: *Die Weihnachtstage stehen vor der Tür.*

Die pluralische Auffassung ist aber nicht völlig verschwunden, sie hält sich

- in regionaler Sprache (meist mit Artikel oder Pronomen): *Diese Weihnachten waren kurios, aber einfach fantastisch.*
- für das gesamte Sprachgebiet in formelhaften Redewendungen: *Schöne Weihnachten! Wir träumen von weißen Weihnachten.*

Ähnliches gilt für *Ostern* (von mittelhochdeutsch *ze den ôsteren* = in den Morgendämmerungen) und *Pfingsten* (von griechisch *pentēkostē* = fünfzigster [Tag nach Ostern] zu mittelhochdeutsch *ze phingesten*).

Auch das standardsprachlich mittlerweile singularische *Allerheiligen* wird im Österreichischen gern im Plural verwendet.

76. Beschreibung einer Konstante/Konstanten und Versuch, mögliche Variablen zu eliminieren

Deklination von substantivierten Adjektiven

Bisweilen drängt sich der Verdacht auf, dass es eine fast unumstößliche Konstante im Leben gibt, nämlich die, dass die Anzahl der Variablen trotz größter Anstrengung kaum auf ein überschaubares Maß zu bringen ist. Auch die Deklination von substantivierten Adjektiven ist eher variabel als konstant. Wiederum kommt es auf den jeweiligen Fall an. Grundsätzlich ist es hier so: Ein substantiviertes Adjektiv wird dekliniert wie ein nicht substantiviertes (attributives). (Übrigens: Die Partizipien seien hier mal zu den Adjektiven gezählt.)

Das heißt, das substantivierte Adjektiv wird stark dekliniert, wenn es keinen Linksbegleiter (Artikel, Pronomen o. Ä.) bei sich hat, wenn dieser Begleiter keine Deklinationsendung aufweist oder wenn dieser Begleiter ein anderes Adjektiv ist: *Aufregendes in Borbeck, etwas Aufregendes in Borbeck, neues Aufregendes in Borbeck.*

Das substantivierte Adjektiv wird schwach dekliniert, wenn ihm ein Linksbegleiter mit Deklinationsendung vorangeht, der kein Adjektiv ist: *manches Aufregende in Borbeck, alles Aufregende in Borbeck.*

(Zur starken und schwachen Deklination vgl. Fehler 11)

Allerdings ist auf einige Sonderfälle zu achten:

Nach Zahlwörtern im Genitiv Plural, die eine Deklinationsendung aufweisen, also *zwei* und *drei*, wird – der Grundregel gemäß – schwach gebeugt: *der Werdegang dreier Gesalbten, die Taten zweier Bösen.* Weniger üblich, aber nicht falsch ist die starke Deklination: *der Werdegang dreier Gesalbter, die Taten zweier Böser.*

Nach Personalpronomen wird, da sie keine Endung aufweisen, der Grundregel gemäß stark gebeugt: *du völlig Bescheuerter, ich Armer.* Aber es gibt Ausnahmen:

- Im Dativ Singular des Maskulinums und des Neutrums wird auch schwach gebeugt: *Denn dir völlig Bescheuertem/Bescheuerten und mir Armem/Armen kann geholfen werden.*
- Im Dativ Singular des Femininums wird sogar eher schwach gebeugt: *Denn dir völlig Bescheuerten/Bescheuerter und mir Armen/Armer kann geholfen werden.*
- Ebenfalls häufiger schwach gebeugt wird der Nominativ Plural: *Denn ihr völlig Bescheuerten/Bescheuerte und wir Armen/Arme sind noch zu retten.*

Hat das substantivierte Adjektiv ein weiteres stark gebeugtes Adjektiv als Attribut, wird der Grundregel gemäß parallel gebeugt, das heißt stark: *ein höherer Angestellter, attraktives Altes, bestimmbare Variable.* Eine Ausnahme bildet nur der Dativ Singular in allen drei Geschlechtern:

- Im Neutrum wird neben stark auch schwach gebeugt: *Da sollte man mit attraktivem Altem/Alten aufwarten.*
- Im Maskulinum wird fast nur schwach gebeugt: *Sie behauptet, mit oben genanntem Angestellten liiert zu sein.*
- Im Femininum wird vorwiegend schwach gebeugt: *Es empfiehlt sich, stets mit bestimmbarer Variablen zu rechnen*, kaum: *Es empfiehlt sich, stets mit bestimmbarer Variabler zu rechnen.*

Zwischen Adjektiv und Substantiv

Einige substantivierte Adjektive bzw. Partizipien fungieren mal mehr, mal weniger als echte Substantive. Dabei ergeben sich Mischdeklinationen. So wird das Wort *Parallele* im Singular als echtes Substantiv endungslos dekliniert: *die/der/der/die Parallele*, im Plural schwach: *die/der/den/die Parallelen*.

Ohne Begleiter oder mit endungslosem Begleiter aber kann das Wort auch wie ein Adjektiv stark gebeugt werden: *Zwei Parallele/Parallelen sind zu zeichnen. Parallele/Parallelen schneiden sich im Unendlichen.*

Dies gilt auch für *Horizontale*, *Konstante* (anders als für *Variable*, s.o.), *Vertikale*.

Fachsprachlich wird *Konstante* jedoch eher adjektivisch gebeugt; Genitiv Singular: *der Konstanten*, Plural: *die Konstanten*, aber: *zwei Konstante.*

Die substantivierten Adjektive *Gerade*, *Senkrechte*, *Waagerechte* werden mit Artikel, Pronomen u. Ä. wie ein Adjektiv gebeugt.

Singular: *die Waagerechte*, *der Waagerechten*, *der Waagerechten*, *die Waagerechte*

Plural: *die Waagerechten*, *der Waagerechten*, *den Waagerechten*, *die Waagerechten*

Ohne Begleiter oder mit endungslosem Begleiter (etwa einer Kardinalzahl) kann im Plural stark wie bei einem Adjektiv oder wie oben bei einem Substantiv schwach gebeugt werden: *Dazu reichen fünf Waagerechte/Waagerechten. Wir konstruieren Waagerechte/Waagerechten.*

Nicht mehr Adjektiv, nur Substantiv

Einige substantivierte Adjektive werden mittlerweile durchgehend wie echte Substantive gebeugt.

Stark gebeugt wird *Gläubiger.*

Singular: *der Gläubiger*, *des Gläubigers*, *dem Gläubiger*, *den Gläubiger*

Plural: *die Gläubiger*, *der Gläubiger*, *den Gläubigern*, *die Gläubiger*

Schwach gebeugt werden *Invalide*, *Junge.*

Singular: *der Invalide*, *des Invaliden*, *dem Invaliden*, *den Invaliden*

Plural: *die Invaliden, der Invaliden, den Invaliden, die Invaliden*
Stark oder schwach gebeugt wird *Oberst.*

Starke Beugung:

Singular: *der Oberst, des Obersts, dem Oberst, den Oberst*

Plural (eher unüblich): *die Oberste, der Oberste, den Obersten, die Obersten*

Schwache Beugung:

Singular: *der Oberst, des Obersten, dem Obersten, den Obersten*

Plural: *die Obersten, der Obersten, den Obersten, die Obersten*

77. Herr/Herrn Hans Lustig

Briefanschrift

Für Sprachberatungseinrichtungen schon eine Standardanfrage: Heißt es in der Briefanschrift nun *Herr* Hans Lustig oder *Herrn* Hans Lustig? Laut DIN 5008 soll nach wie vor die gebeugte Form *Herrn* verwendet werden. In der Schweiz ist man da lockerer und lässt neben *Herrn* auch *Herr* zu.

Und wie ist eine Adresse zu gestalten, wenn der Brief nur vom Empfänger persönlich, nicht aber von einem anderen Mitarbeiter der Firma geöffnet werden soll? Hier geht es um die Reihenfolge: Der Brief darf von anderen Firmenangehörigen geöffnet werden, wenn der Personenname (mit oder ohne den Zusatz *z. H., z. Hd.*) n a c h der Firmenadresse steht. Steht der Name davor, gilt der Brief als persönliches Schreiben, das nur von der angeschriebenen Person selbst geöffnet werden darf. Vermerke wie «persönlich» oder «vertraulich» können als zusätzliche kleine Ermahnung hinzugefügt werden:

Auch von anderen Firmenangehörigen zu öffnen:

An das
Landesinstitut für Bauwesen des Landes Nordrhein-Westfalen
Frau Dr. Lukrezia Kramer
Theaterplatz 14
52062 Aachen

Nur von der angeschriebenen Person zu öffnen:

Frau
Dr. Lukrezia Kramer
Landesinstitut für Bauwesen des Landes Nordrhein-Westfalen
Theaterplatz 14
52062 Aachen

Anmerkung: Übrigens: Mittelhochdeutsch *brief*, althochdeutsch *briaf* geht auf das vulgärlateinische *breve scriptum* (= kurzes Schreiben) zurück. Über die Kanzleisprache (dort im Sinne von *Urkunde*, daher noch: *Freibrief*, *Frachtbrief*, *Kraftfahrzeugbrief*, *verbriefen*, *Brief und Siegel*) gewann das Wort in mittelhochdeutscher Zeit über den schon älteren *Sendbrief* seine heutige Bedeutung.

78. Tina hatte da ein Schlüsselerlebnis, das/was ihr ganzes Leben beeinflussen sollte

Gebrauch der Relativpronomen *das, was*

Von den Relativpronomen *der*, *die*, *das* ist *das* zuständig, wenn man sich auf ein Neutrum bezieht, das etwas Bestimmtes ausdrückt: *Das Stück, das* (nicht: *was*) *wir gesehen haben, war recht beeindruckend. Unser Held wurde von dem Mädchen, das ihn doch gerade so unflätig zurechtgewiesen hatte, dennoch ungemein angezogen. Tina hatte da ein Schlüsselerlebnis, das ihr ganzes Leben beeinflussen sollte.*

In einigen Fällen ist aber statt des Relativpronomens *das* das Relativpronomen *was* angebracht, und zwar dann, wenn man sich mit dem Relativpronomen auf

- die Demonstrativpronomen *das* und *dasselbe* oder auf unbestimmte Pronomen und Zahlwörter wie *allerlei*, *alles*, *dasselbe*, *das Gleiche*, *etwas*, *manches*, *nichts*, *viel[es]* bezieht, soweit sie etwas Allgemeines, Unbestimmtes ausdrücken: *Ich will das, was du da eben gesagt hast, mal nicht auf die Goldwaage legen. Vieles, was wir allein schaffen, wird durch die Fusion aber erleichtert. Es ist nicht alles Gold, was glänzt.* Wird aber das Relativpronomen zusammen mit einer Präposition verwendet, ist *was* unangebracht: *Du tatest manches, für das / wofür* (nicht: *für was*) *man dich bewundern dürfte.*

- ein substantiviertes Adjektiv oder Partizip bezieht, das etwas Allgemeines, Unbestimmtes oder rein Begriffliches ausdrückt (meist wird dann das Adjektiv bzw. Partizip von einem unbestimmten Pronomen wie *all-*, *etwas*, *manch-*, *nichts*, *viel*, *wenig* o. Ä. begleitet): *Manch Grausames, was durchaus zu ihrem Repertoire zu zählen war, nahm Dr. Graf von Wurz mit erstaunlicher Gelassenheit hin. Etwas Verstörendes, was ihn umgab, vermittelte sich unmittelbar.*
- substantivierte Superlative bezieht: *Diese Wanderung auf dem Grat ist das Faszinierendste, was ich je erlebt habe.*
- den gesamten Inhalt des übergeordneten Satzes bezieht: *Olaf ließ sich in keiner Weise vom Liebreiz Anitas bestechen, was diese arg verunsicherte.*

Anmerkung: Theoretisch wäre auch möglich: *Tina hatte da ein Schlüsselerlebnis, was ihr ganzes Leben beeinflussen sollte*. Dann wäre es nicht das Schlüsselerlebnis, das Tinas ganzes Leben beeinflusste, sondern die Tatsache, dass sie ein solches Erlebnis hatte.

79. Auch die Bundesrepublik Deutschland wird in/im Irak aktiv

Artikelgebrauch bei Ländernamen

Staatennamen sind überwiegend Neutra, die ohne Artikel verwendet werden, solange sie ohne Attribut auftreten: *Tunesien*, *Deutschland*, *Schottland*, *Andorra*, *Italien*, *Liechtenstein* usw. Aber mit Artikel, wenn ein Attribut hinzutritt: *das wieder vereinigte Deutschland*, *das kleine Andorra*, *im am Rhein gelegenen Liechtenstein.*

Neben diesen Neutra gibt es auch wenige Feminina unter den Staatennamen. Sie stehen durchgehend mit dem bestimmten Artikel: *die Elfenbeinküste*, *die Mongolei*, *die Schweiz*, *die Slowakei*, *die Türkei*, *die Ukraine*, *die Vatikanstadt* u. a.

Nicht ganz so gering ist die Anzahl der pluralischen Staatennamen. Auch diese verwendet man durchgehend mit dem bestimmten Artikel: *die Bahamas*, *die Malediven*, *die Niederlande*, *die Philippi-*

nen, *die Salomonen*, *die Vereinigten Arabischen Emirate*, *die Vereinigten Staaten von Amerika* (auch: *die USA*) usw.

Bei einigen Staatennamen schwanken Genus, Artikelgebrauch und Deklination. Sie werden zwar gemäß der offiziellen Empfehlung des Auswärtigen Amtes wie die zuerst genannten Neutra verwendet: *Tschad ist aus den Schlagzeilen verschwunden. In Irak ist seit dem Einmarsch der Amerikaner kein Frieden eingekehrt. Teheran ist die Hauptstadt Irans. Wie ist Libanons strategische Bedeutung als Nachbar Israels einzuschätzen? Nach der Hungerkatastrophe wurde kaum noch Hilfe für Sudan organisiert.*

Normalerweise verwendet man hier aber eher den Artikel: *Der Tschad ist aus den Schlagzeilen verschwunden. Im Irak ist seit dem Einmarsch der Amerikaner kein Frieden eingekehrt. Teheran ist die Hauptstadt des Iran. Wie ist die strategische Bedeutung des Libanon als Nachbar Israels einzuschätzen? Nach der Hungerkatastrophe wurde kaum noch Hilfe für den Sudan organisiert.*

80. Im Juli dieses Jahres hat die Steeg AG verschiedene Unternehmen übernommen / Im Juli dieses Jahres übernahm die Steeg AG verschiedene Unternehmen

Verwendung von Perfekt und Präteritum

Die Tempora (Zeiten) der Verben drücken im Deutschen bei weitem nicht nur zeitliche Verhältnisse aus. Ihnen sind im Laufe der Zeit eine Menge anderer Aufgaben zugewachsen. Aber dass die Tempora so viele Aufgaben übernommen haben, heißt ja nicht, dass sie nicht weiterhin ein Zeitsystem darstellen. Das wäre dann die «normale» Aufgabe der Tempora, von der man dann jeweils «Spezialaufgaben» unterscheiden kann. Um den normalen Zeitbezug von Perfekt und Präteritum darzustellen, bedienen wir uns der Begriffe Aktzeit, Sprechzeit und Betrachtzeit.

Aktzeit ist die Zeit, in der ein vom Satz bezeichneter Sachverhalt tatsächlich geschieht. Das kann in der Vergangenheit, der Gegenwart oder der Zukunft sein.

Sprechzeit ist die Zeit, in der ein Sprecher oder Schreiber den entsprechenden Satz äußert.

Betrachtzeit ist die Zeit, von der aus der im Satz mitgeteilte Sachverhalt betrachtet wird. Diese Zeit kann im Satz explizit angegeben sein: *Nachdem Frau Dr. Vera Bürgerhöver die Öffentlichkeitsarbeit übernommen hatte, funktionierte die Kommunikation zwischen Energieunternehmen und Öffentlichkeit weitaus effizienter.* Betrachtzeit hier: nach der Übernahme. Meist ist die Betrachtzeit aber nur aus dem Zusammenhang zu erschließen.

Nun unterscheiden sich Perfekt und Präteritum nicht wesentlich im Verhältnis von Aktzeit und Sprechzeit. Bei beiden liegt die Aktzeit vor der Sprechzeit bzw. die Sprechzeit nach der Aktzeit: *Ich habe unverschämtes Glück gehabt. Ich hatte unverschämtes Glück.*

Perfekt und Präteritum unterscheiden sich aber wesentlich, was die Betrachtzeit angeht. Beim Perfekt fallen Sprechzeit und Betrachtzeit zusammen. In einem Perfektsatz wird aus der Perspektive der Sprechzeit auf etwas Vergangenes, Abgeschlossenes zurückgeblickt: *Auch Corinna Viebürger hat hart an einer gewissen Perfektion auf der Violine gearbeitet.* Beim Präteritum wird aus der Perspektive der Aktzeit, quasi mitlaufend, unabgeschlossen das Geschehen betrachtet. Die Betrachtzeit liegt innerhalb der Aktzeit, Betracht- und Aktzeit liegen beide vor der Sprechzeit: *Auch Corinna Viebürger arbeitete hart an einer gewissen Perfektion auf der Violine.*

Will man ausdrücken, dass eine Handlung, ein Geschehen in der Vergangenheit abgeschlossen ist, steht also das Ergebnis im Vordergrund, wird man das Perfekt bevorzugen: *Im Juli dieses Jahres hat die Steeg AG verschiedene Unternehmen übernommen.*

Soll aber das Gewicht mehr auf den Ablauf, den Prozess gelegt werden, ist das Präteritum angebracht: *Im Juli dieses Jahres übernahm die Steeg AG verschiedene Unternehmen.*

81. Hier ist vielmehr § 08/15 in Anwendung zu bringen

Funktionsverbgefüge

Unter Funktionsverbgefügen versteht man feste Fügungen aus einem bedeutungsschwachen Verb und einem bedeutungstragenden Substantiv: *in/zur Anwendung bringen/kommen*, *zur Sprache bringen*, *Überlegungen anstellen*, *Mitteilung machen*, *Bezug nehmen*, *An-*

strengungen unternehmen, *in Erwägung ziehen*, *in Abzug bringen*, *in Erfahrung bringen*, *unter Beweis stellen* u.v.a. Sie sind (oder: waren?) typisch für die Amts- und Verwaltungssprache und gelten als steif und ungelenk. Meist wird ein Satzinhalt verständlicher, wenn man die entsprechenden einfachen Verben einsetzt. Nicht: *Wir haben in Erfahrung gebracht, dass Sie illegal auf dieser Baustelle beschäftigt waren.* Besser: *Wir haben von Ihrer illegalen Beschäftigung auf dieser Baustelle erfahren.* Noch besser: *Wir haben erfahren, dass Sie illegal auf dieser Baustelle beschäftigt waren.* Nicht: *Hier ist vielmehr § 08/15 in Anwendung zu bringen.* Besser: *Hier ist vielmehr § 08/15 anzuwenden.* Noch besser: *Hier muss man vielmehr § 08/15 anwenden.*

Anmerkung: Es bleibt allerdings zu bemerken, dass die einfachen Verben nie genau das Gleiche bedeuten wie die Gefüge. Man sollte abwägen, wo dieser kleine Unterschied wichtig sein könnte. Will man etwa ausdrücken, wie schwierig ein Entscheidungsprozess ist / war / sein wird, kann das Gefüge *eine Entscheidung treffen* durchaus treffender sein als das einfache Verb *entscheiden*.

82. Außer einem/einen schemenhaften Umriss konnten die Höhlenforscher nichts erkennen

Rektion bei *außer* und *[an]statt*

Die Präposition *außer* hat zwei Bedeutungen: Zum einen wird sie im Sinne von «ausgenommen, abgesehen von» verwendet, zum anderen im Sinne von «außerhalb». In beiden Fällen regiert *außer* den Dativ: *Außer einem schemenhaften Umriss konnten die Höhlenforscher nichts erkennen. Das Auftreten des Key-Account-Managers war wieder mal zum Augenverdrehen. Ich war außer mir.* Wird *außer* in Abhängigkeit von Verben der Bewegung wie *setzen*, *stellen*, *legen* usw. verwendet, wird hingegen meist der Akkusativ gebraucht: *Diese beiden Start-ups haben das Sharebranding außer jeden Zusammenhang mit der eigentlichen Marke gestellt.* Beim Verb *geraten* konkurrieren Dativ und Akkusativ: *Ich könnte außer mich/mir geraten vor Wut.*

Aber *außer* kann auch als Konjunktion gebraucht werden, und zwar dann, wenn das Bezugswort des auf *außer* folgenden Substantivs im Nominativ, Genitiv oder Akkusativ steht. Als Konjunktion regiert *außer* keinen Fall. Vielmehr wird dieser vom Verb bestimmt, das heißt, das auf *außer* folgende Substantiv bzw. die folgende Wortgruppe steht im gleichen Fall wie das Bezugswort: *Alle hielten diese Art von Ethnomarketing für nicht übertragbar außer unsere Chefin. Außer einen schemenhaften Umriss konnten die Höhlenforscher nichts erkennen. Der verdatterte Schüler harrte weiterer Ehrbezeugungen außer des förmlichen Ritterschlages.* Der Dativ wäre natürlich jeweils auch möglich.

Auch *[an]statt* kann sowohl als Präposition (= anstelle) wie als Konjunktion (= und nicht) eingesetzt werden. Als Präposition regiert *[an]statt* den Genitiv: *Statt des Schlafanzuges hatte unser kleiner Held nun ein lustiges Nachthemd angezogen.* Der Dativ wird nur dann verwendet, wenn der Genitiv Plural nicht eindeutig ist: *statt Schweinen, statt Tüchern* (vgl. Fehler 14).

Als Konjunktion regiert auch *[an]statt* keinen Kasus, das heißt, nicht *[an]statt*, sondern das Verb bestimmt den Kasus des folgenden Substantivs bzw. der folgenden Wortgruppe: *Statt den Schlafanzug hatte unser kleiner Held nun ein lustiges Nachthemd angezogen.*

Anmerkung: Mit Genitiv steht *außer* nur noch in festen Wendungen wie: *außer Landes gehen, außer Landes sein/leben, außer Hauses sein* (für: *außer Haus sein*).

83. In-Kraft-Setzen dieser Verwaltungsvorschrift

Nominalisierungen

Das berüchtigte Papierdeutsch bedient sich einiger typischer Konstruktionen, die das Verständnis erschweren. Eine davon ist die Nominalisierung (Versubstantivierung) von Verben. Das können substantivierte Infinitive von Funktionsverbgefügen sein wie: *In-Anwendung-Bringen, In-Kraft-Setzen/In-Kraft-Treten/Inkrafttreten, Zu-Grunde-Legen* oder die verbreiteten Nominalisierungen auf *-ung*: *Im Falle eines In-Kraft-Setzens dieser Verwaltungsvorschrift und der daraus folgenden Entsorgung des wilden Mülls in der Kiesgrube Vaals durch die Waste GmbH ist mit einer erheblichen Beeinträchtigung dieses Unkenbiotops zu rechnen.*

Indem man Verben nominalisiert, meint man, ganze Sätze oder

Nebensätze einsparen zu können. Außerdem betonen Nominalisierungen das Ergebnis (eine gewisse Unabänderlichkeit), während Verben eher den Vorgang ausdrücken. Diese «Absolutheit» der Nominalisierungen kann natürlich gewollt sein. Auch verlangt die Nominalisierung im Gegensatz zum Verb kein Subjekt, man muss also nicht denjenigen nennen, der die Handlung ausführt. Auch das kann gewünscht sein.

Der Nachteil der Nominalisierung liegt darin, dass sie grammatische und damit auch inhaltliche Verhältnisse nicht so klar wiedergibt, wie es das Verb tut. Man vergleiche etwa: *Die Richterin beschuldigt die Klinikchefin der Kindesentziehung* mit: *die Beschuldigung der Kindesentziehung gegen die Klinikchefin seitens der Richterin* (wobei gar zu fragen wäre, ob diese Nominalisierung so überhaupt noch grammatisch ist, ob etwa die Präpositionen so wie hier verwendet werden können).

Die Verständlichkeit erhöht sich auf jeden Fall, wenn statt Nominalisierungen Verben verwendet werden. Dazu müssen Neben- oder Hauptsätze gebildet werden. Man scheue keine Kommas oder Punkte. Eine solche Umformulierung kann in unterschiedlichem Ausmaß vorgenommen werden, abhängig davon, was angemessen erscheint.

Zum Beispiel kann man sich darauf beschränken, in Nebensätze aufzulösen: *Wenn diese Verwaltungsvorschrift in Kraft gesetzt wird und daher die Waste GmbH den wilden Müll in der Kiesgrube Vaals entsorgen muss, ist damit zu rechnen, dass dieses Unkenbiotop erheblich beeinträchtigt wird.* Dieses Beispiel zeigt bereits, dass die Annahme, Nominalisierungen würden den Satz verkürzen, trügen kann. Denn schon die Umformulierung mit Hilfe von Nebensätzen ist kürzer als das Original mit den Nominalisierungen.

Allerdings ist auch der umformulierte Satz für einen wirklich verständlichen Satz noch recht lang. Also greifen wir auf einen Leitsatz der Textverständlichkeit zurück: «Der Punkt ist dein Freund» und machen zwei Sätze aus dem einen langen: *Wenn diese Verwaltungsvorschrift in Kraft gesetzt wird, muss die Waste GmbH den wilden Müll in der Kiesgrube Vaals entsorgen. Dann ist damit zu rechnen, dass dieses Unkenbiotop erheblich beeinträchtigt wird.*

Man könnte natürlich noch mehr Punkte bzw. andere Satzschlusszeichen setzen. Im Extremfall könnte man aus jeder Nominalisierung einen Hauptsatz machen: *Soll diese Verwaltungsvorschrift wirklich in Kraft gesetzt werden? Dann muss nämlich die Waste GmbH den wilden Müll in der Kiesgrube Vaals entsorgen. Und womit wäre dann zu rechnen? Dieses Unkenbiotop würde erheblich beeinträchtigt.*

84. Diskussion über eine an einem nicht gerade strahlenden Morgen stattfindende Freiluftmatinee

Überlange attributive Partizipialgruppen

Lange attributive Partizipialgruppen machen es schwerer, einen Satz zu verstehen: *Die beiden Kunstkritiker werden wohl noch lange über eine an einem nicht gerade strahlenden Morgen stattfindende Freiluftmatinee diskutieren.* Warum eigentlich? Nun: Die links vom Bezugswort stehenden Partizipialgruppen haben eine Eigenschaft, die eigentlich schon jede Verbindung aus Adjektiv und Substantiv aufweist wie: *das rote Tuch.* Das, was unbekannt ist, die Information: *rot*, steht vor dem, was bekannt ist: *Tuch.* Weil wir in der Regel lieber erst wissen, worum es überhaupt geht, bevor darüber etwas Neues ausgesagt wird, eine Information geliefert wird, ist ein Satz wie: *Das Tuch ist rot* leichter zu verstehen als der Ausdruck: *das rote Tuch.* Natürlich stört diese «verkehrte» Reihenfolge bei einem einfachen Adjektiv nicht wirklich. Aber wenn dieses Attribut länger wird, wie bei einer längeren Partizipialgruppe, hängt die Neuigkeit, dass an einem nicht gerade strahlenden Morgen etwas stattfindet, ziemlich lange in der Luft, bevor wir erst sehr spät erfahren, was da überhaupt stattfindet. Besonders schwer verständlich wird solch eine Partizipialgruppe, wenn sie mit einer verwirrenden Präposition-Artikel/Pronomen-Kombination beginnt: *über eine an einem ...*

Am leichtesten finden wir in einem solchen Fall die richtige Reihenfolge, wenn wir aus der Partizipialgruppe einen Relativsatz machen: *Die beiden Kunstkritiker werden wohl noch lange über eine Freiluftmatinee diskutieren, die an einem nicht gerade strahlenden Morgen stattfindet.* Da wir hier das Verb *diskutieren* vor den Relativsatz ziehen können, wird zudem die Satzklammer verkürzt, was ebenfalls der Verständlichkeit dient.

Häufig wird allerdings durch eine Partizipialgruppe, die in einen Relativsatz aufgelöst wird, ein Schachtelsatz erzeugt. Das ist ja ebenfalls keine Großleistung an Verständlichkeit (vgl. Fehler 85). Der vorletzte Satz könnte ein gutes Beispiel dafür abgeben: *Häufig wird allerdings durch eine in einen Relativsatz aufgelöste Partizipialgruppe ein Schachtelsatz erzeugt. → Häufig wird allerdings durch eine Partizipialgruppe, die in einen Relativsatz aufgelöst wird, ein Schachtelsatz erzeugt.*

Das ist immer noch besser als die lange Partizipialgruppe mit der einleitenden Präposition-Artikel/Pronomen-Kombination, und bei kurzen Relativsätzen wie in unserem Beispiel ist das durchaus hinnehmbar. Aber man könnte in einem weiteren Schritt die Partizipialgruppe respektive den Relativsatz in einen voranstellbaren Nebensatz umwandeln: *Löst man eine Partizipialgruppe in einen Relativsatz auf, wird allerdings häufig ein Schachtelsatz erzeugt.*

Und wenn die Länge und Bedeutung der Partizipialgruppe es zulassen, könnte man diese sogar in einen Hauptsatz umformen (getreu dem Leitsatz: «Der Punkt ist dein Freund»). Das wäre für unseren Beispielsatz vielleicht ein bisschen übertrieben, aber es ginge auch hier: *Man kann eine Partizipialgruppe in einen Relativsatz auflösen. Dann wird allerdings häufig ein Schachtelsatz erzeugt.*

85. Ludwig Fütterer, der gewiss nicht, obwohl er in Fachkreisen als ein ganz ausgezeichneter Bergsteiger galt, die Nordroute anzugehen gewagt hätte, nahm zu aller Überraschung den angeklagten Bergführer in Schutz

Schachtelsätze (Hypotaxen)

Man spricht von einem Schachtelsatz, wenn in einen Satz (Haupt-, vor allem aber Nebensatz) ein oder mehrere Nebensätze eingeschachtelt sind: *Die ehemaligen Vorstandsvorsitzenden konnten sich, obwohl doch reichlich Geld geflossen war, mit ihren Abfindungen nicht abfinden. Ludwig Fütterer, der gewiss nicht, obwohl er in Fachkreisen als ein ganz ausgezeichneter Bergsteiger galt, die Nordroute anzugehen gewagt hätte, nahm zu aller Überraschung den angeklagten Bergführer in Schutz.*

Solche Schachtelsätze verstoßen gegen eine Faustregel der Textverständlichkeit: Keinen neuen Gedanken einbringen, bevor der vorangehende Gedanke nicht abgeschlossen ist!

Am leichtesten zu verstehen sind im Allgemeinen Elementarsätze, wie sie in der klassischen Aussagenlogik formuliert sind. Das sind Sätze, in denen einem einzelnen Gegenstand, einem Nominator (n), mit Hilfe einer affirmativen Kopula (ε) etwas, ein Pradikator (P), zugesprochen wird:

Die Erde	*ist*	*blau.*	→	$n \varepsilon P$
Nominator	Kopula	Prädikator		

Dabei wird der Nominator als etwas Bekanntes vorausgesetzt. Über dieses Bekannte wird mit dem Prädikator dann etwas Neues ausgesagt. Jede Abweichung von dieser Form ist schon etwas schwerer zu verstehen, etwa wenn die Reihenfolge vertauscht wird: *Blau ist die Erde*, wenn ein Attribut hinzugefügt wird: *Die alte Erde ist blau*, wenn statt eines Einzelgegenstandes ein Gattungsbegriff eingesetzt wird: *Der Mensch ist vernunftbegabt* oder wenn ein neuer Gedanke eingeschachtelt wird, bevor der ursprüngliche Gedanke zu Ende geführt worden ist: *Die Erde, wenn wir sie aus dem All betrachten, ist blau.*

Eine in gewisser Weise ähnliche Gliederung bietet die Rhetorik an. Auch hier werden auch komplexere Sachverhalte aufgeschlüsselt in etwas Bekanntes, das Thema, über das gesprochen wird, und etwas Neues, das Rhema, das diesem Bekannten zugesprochen wird:

Unsere gute alte Erde	*würde uns allen vom Weltraum aus blau erscheinen.*
Thema	Rhema

In dieser Terminologie könnte man als Faustregel für die Verständlichkeit von Sätzen formulieren: Die Thema-Rhema-Reihenfolge nicht durcheinander bringen! Zwischen Thema und diesem zugehörigem Rhema keine anderen Themen und Rhemen dazwischenschachteln!

Natürlich sollten wir nicht in einer ermüdenden Abfolge von Elementarsätzen reden oder schreiben. Aber man kann schon sagen, dass, je mehr Attribute (vor allem längere Adjektiv- bzw. Partizipialattribute oder Genitiv- bzw. Präpositionalattribute) in einem Satz verwendet werden, er desto weniger Einschachtelungen verträgt. Solche Einschachtelungen kann man auf zwei verschiedene Weisen auflösen.

Man kann etwa einen eingeschachtelten Nebensatz an den Anfang oder den Schluss des entsprechenden Satzes verschieben. So wird wieder jeder Gedanke ohne Unterbrechung vorgetragen: *Wenn wir die Erde aus dem All betrachten, ist sie blau. Die ehemaligen Vorstandsvorsitzenden konnten sich mit den Abfindungen nicht abfinden, obwohl doch reichlich Geld geflossen war.*

Man kann aber auch jedem Gedanken einen eigenen Hauptsatz reservieren: *Betrachten wir doch die Erde mal aus dem All. Dann ist (erscheint/wirkt) sie blau. Es war reichlich Geld geflossen. Dennoch konnten sich die ehemaligen Vorstandsvorsitzenden mit den Abfindungen nicht abfinden.*

Bei komplexeren Gedankengängen kann man auch beide Verfahren kombinieren: *Obwohl Ludwig Fütterer in Fachkreisen als ein ganz ausgezeichneter Bergsteiger galt, hätte er gewiss nicht die Nordroute anzugehen gewagt. Den angeklagten Bergführer nahm er aber zu aller Überraschung in Schutz.*

Anmerkung: Die Anforderungen der Textverständlichkeit und die des Stils decken sich nicht unbedingt. Nicht immer ist verständlich schreiben gleich attraktiv schreiben.

86. Zentrum des barocken Dresden/Dresdens

Deklination von geographischen Namen

Ortsnamen sind Neutra, Länder- und Erdteilnamen in der Regel ebenso: *das Paris der frühen zwanziger Jahre*, *das Preußen des Alten Fritz*, *das alte Europa*. Ausnahmen: *der Irak*, *der Iran*, *der Jemen*, *die Mongolei*, *die Arktis*, *die Antarktis*, *die Seychellen* u.a. (vgl. Fehler 79).

Im Genitiv haben diese Namen ein Genitiv-*s*, wenn sie ohne Begleiter (Artikel, Pronomen, Adjektiv) auftreten: *Englands Weidelandschaften*, *außerhalb Belgiens*, *Essens Industriegeschichte*, *im Zentrum Dresdens*, *die Institutionen Europas.*

Treten diese Ortsnamen aber mit einem Begleiter auf (etwa mit einem Artikel, Adjektiv, Pronomen), können sie sowohl mit als auch ohne Genitiv-*s* gebildet werden: *außerhalb des durch Politik- und Justizskandale geschüttelten Belgien/Belgiens, im Zentrum des barocken Dresden/Dresdens, die Institutionen des immer noch nicht vereinigten Europa/Europas.*

Andere geographische Namen (solche von Flüssen, Gegenden, Gebirgen, Ebenen, Meeren, Seen usw.) haben wechselndes Geschlecht (Genus) und treten kaum ohne Artikel auf. Wenn geographische Namen mit Artikel (oder sonstigem Begleiter) auftreten, wird bei den Namen im Neutrum und Maskulinum meist ein Genitiv-*s* gesetzt: *in den Schluchten des Balkans, die Ufer des Rheins, die Hänge des Kahlen Astens.* Allerdings ist es, vor allem wenn noch ein Adjektiv hinzukommt oder bei exotischeren Namen, durchaus üblich, auf das Genitiv-*s* zu verzichten: *die Absichten des Iran[s], der Lauf des Kongo[s], die Stromschnellen des mittleren Nil[s], die Sorgen des alten Europa[s].*

Bezieht sich der Ortsname auf ein vorangehendes Substantiv mit Artikel (und eventuell Adjektiv), dekliniert man das Substantiv, nicht den Namen: *die Probleme des Standorts Bochum, die Fußgängerzone des klassischen Altmarkzentrums Stendal, der Neid des Regierungssitzes Düsseldorf auf die Mediendichte des Nachbarn Köln.*

Geographische Namen im Neutrum oder Maskulinum, die auf einen Zischlaut enden, werden teils dekliniert, teils nicht dekliniert: *die Nadelwälder des Harzes, der Kreidesandstein des Hils, am Fuße des Taunus, die Gaststätten des Elsass/Elsasses.*

Zusammengesetzte geographische Namen, die auf *-see, -fluss, -strom, -bach, -berg, -gebirge, -wald* enden, werden stets dekliniert: *die Eisfläche des Titisees, die Erzeugnisse des Odenwaldes, der Kamm des Rothaargebirges.*

Ländernamen kann man mit oder ohne Plural-*s* in den Plural setzen: *die beiden Deutschland[s], die gegensätzlichen Südafrika[s], das schwarze und das weiße.*

Anmerkung: Besteht ein Ortsname aus einem artikellosen Substantiv und dem eigentlichen Ortsnamen, dann wird nur der eigentliche Ortsname gebeugt: *die heißen Wasser Bad Aachens, die Verwaltung Burg Stargards, die Umgebung Stift Quernheims.*

87. Gespräch über funktionale/funktionelle Aspekte des Steuersystems

Adjektive auf *-al* und *-ell*

Man kennt das ja. Wenn man was ganz Unterschiedliches tut, so kann das durchaus genau das Gleiche bedeuten. Aber eben auch Unterschiedliches. So ist das auch mit den Adjektiven auf *-al* und *-ell.*

Mal haben die verschiedenen Endungen keinen Einfluss auf die Bedeutung wie bei *adverbial/adverbiell*, *universal/universell*: *die adverbial/adverbiell verwendeten Präpositionalgruppen*, *eine universale/universelle Gültigkeit.* Ob nun *-al* oder *-ell*, ein Bedeutungsunterschied ist hier nicht auszumachen.

Mal aber macht es schon einen Bedeutungsunterschied, ob man Begriffe mit *-al* oder *-ell* bildet, etwa bei *ideal* (= besser geht's nicht) und *ideell* (= der Idee, dem Gedanken nach), *formal* (= in Bezug auf die Form) und *formell* (= förmlich): *ein idealer Gatte*, *ein ideelles Reich des Schönen*, *formal gelungen*, *ein formeller Einspruch.*

Bei einigen dieser Adjektive ist die Variante mit *-ell* die umfassendere, da ihr Bedeutungsumfang den der Variante mit *-al* mit einschließt: *real* (= wirklich) und *reell* (= wirklich, echt und ehrlich, zuverlässig). In Zusammenhang mit *Chance* und *Möglichkeit* wird fast nur *reell* verwendet: *Die ukrainische Turnerin hatte keine reelle Chance, trat aber dennoch tapfer an.* Auch das Paar *funktional* und *funktionell* gehört hierher: *Funktional* bedeutet so viel wie «auf die Funktion bezogen», *funktionell* bedeutet ebenfalls «auf die Funktion bezogen», aber auch «wirksam» und in medizinischer Sprache «die Leistungsfähigkeit eines Organs betreffend»: *funktionale/funktionelle Aspekte des Steuersystems*, aber nur: *funktionelle Störungen des Magen-Darm-Traktes.*

88. *Ich hätte mir/mich in den Hintern beißen mögen*

Wertigkeit (Valenz) von Verben wie *beißen* u. a.

Das Dativobjekt, das indirekte Objekt, kann in einigen Fällen ein g a n z e s Lebewesen oder eine g a n z e Sache bezeichnen, auf das ein Teil dieses Ganzen bezogen wird (Pertinenzdativ, Zugehörigkeitsdativ): *Hast du dir auch die Zähne geputzt? Mir brummt der Schädel.*

Eine Besonderheit haben Verben zu bieten, die eine Berührung ausdrücken, wie *beißen, boxen, hauen, klopfen, kneifen, schießen, schlagen, schneiden, stechen, stoßen, treten, zwicken* usw. Sie stehen normalerweise mit dem Akkusativ: *Aua, ich hab mich geschnitten! Dich hat wohl der wilde Affe gebissen!* Weisen diese Verben jedoch ein zusätzliches Präpositionalobjekt auf, ist sowohl der Akkusativ möglich als auch der oben beschriebene Pertinenzdativ: *Ich hätte mir/mich in den Hintern beißen mögen. Die Ärztin stach der guten / die gute Rachel mit der Spritze in das Ärmchen.* Wird solch ein Verb metaphorisch, also im übertragenen Sinne gebraucht, wird allerdings meist der Dativ vorgezogen: *Seine Replik stach ihr*/(seltener:) *sie in die Seele. Der schwefelige Rauch biss mir*/(seltener:) *mich in die Augen.*

Anmerkung: Dem Verb *küssen* fehlt die freie Auswahl zwischen Akkusativ und Dativ (obwohl kaum ein anderes Verb mehr ein Verb der Berührung sein könnte), ihm folgt in solchen Fällen ausschließlich der Akkusativ: *Leider küsste mich Viola nur auf die Stirn.*

89. *Der Kurator haute/hieb endlich mal mit der Faust auf den Tisch*

Starke oder schwache Konjugation

Ob einem das Glück *gewinkt* oder **gewunken* (vgl. Fehler 23) hat, ist die Frage danach, ob ein Verb schwach (= regelmäßig) oder stark (= unregelmäßig) konjugiert wird. Dieselbe Frage stellt sich bei vielen anderen Verben auch. Und warum werden dabei so gern Fehler gemacht? Unter anderem liegt das daran, dass zwar das Gros der Verben fein säuberlich in starke und schwache geschieden ist, aber eben nur das Gros. Einige Verben erlauben sich den Luxus, parallel sowohl mit starken als auch mit schwachen Formen aufzuwarten. Bei anderen ist es so, dass starke und schwache Formen gemischt auftreten. Meist macht das für die Bedeutung keinen Unterschied. Manchmal aber doch!

Zu einer Gruppe von Verben, die ohne Bedeutungsänderung sowohl stark als auch schwach konjugiert werden können, zählen z. B.:

- *dingen*: *dang* (veraltet, selten) – *gedungen*, aber auch: *dingte* – *gedingt* (selten)
- *gären*: *gor* – *gegoren*, aber auch: *gärte* – *gegärt*
- *gleiten*: *glitt* – *geglitten*, *gleitete* (veraltet) – *gegleitet* (veraltet)
- *glimmen*: *glomm* – *geglommen*, aber auch: *glimmte* – *geglimmt*
- *klimmen*: *klomm* – *geklommen*, aber auch (selten): *klimmte* – *geklimmt*
- *melken*: *molk* – *gemolken*, aber auch: *melkte* – *gemelkt*
- *saugen*: *sog* – *gesogen*, aber auch: *saugte* – *gesaugt*
- *schnauben*: (veraltet:) *schnob*– *geschnoben*, meist: *schnaubte* – *geschnaubt*
- *sieden*: *sott* – *gesotten*, aber auch: *siedete* – *gesiedet*
- *triefen*: *troff* – *getroffen*, aber auch: *triefte* – *getrieft*

Einen Sonderfall stellt das Verb *mahlen* dar, das nur in einer Mischform auftritt:

- *mahlen*: *mahlte* – *gemahlen*

Zu einer Gruppe von Verben, bei denen ohne Bedeutungsänderungen a u c h Mischformen auftreten, zählen z. B.:

- *backen*: *buk* – *gebacken*, aber häufiger: *backte* – *gebacken*
- *salzen*: *salzte* – *gesalzen*, aber auch: *salzte* – *gesalzt*
- *schallen*: *scholl* – *geschallt*, aber häufiger: *schallte* – *geschallt*
- *spalten*: *spaltete* – *gespalten*, aber auch: *spaltete* – *gespaltet* (attributiv wird *gespalten* häufiger verwendet: *mit gespaltener Zunge*)

Zu einer Gruppe von Verben, die sowohl stark als auch schwach konjugiert werden können, dabei allerdings ihre Bedeutung verändern, gehören z. B.:

- *bewegen* (= jemanden veranlassen): *bewog* – *bewogen*: *Was hat dich dazu bewogen?* Aber: *bewegen* (= eine Ortsveränderung veranlassen, beeindrucken): *bewegte* – *bewegt*: *Der Waran hat sich nicht von der Stelle bewegt. Das hat mich tief bewegt.*
- *bleichen* (= bleich werden, intransitiv): *blich* (veraltet) – *geblichen*

(veraltet), meist: *bleichte – gebleicht*: *Die Steppe bleichte/blich in der gnadenlosen Sonne*. Aber nur: *bleichen* (= bleich machen, transitiv): *bleichte – gebleicht*: *So bleichte sie die Wäsche*.

- *hängen* (intransitiv): *hing – gehangen*: *Mit Seil und Hacken, den Tod im Nacken, so hingen sie in der steilen Wand*. Aber: *hängen* (transitiv): *hängte – gehängt*: *Dann hängte sie die Wäsche auf*. (vgl. Fehler 93)
- *hauen* (= mit einer Waffe schlagen, im Kampf versehren): *hieb – gehauen*: *Der schwäbische Ritter hieb durch bis auf den Sattelknopf, hieb auch den Sattel noch in Stücken und tief noch in des Pferdes Rücken*. Aber: *hauen* (= schlagen ganz allgemein), meist: *haute – gehauen*, selten: *hieb – gehauen*: *Als der Kurator dann endlich mal mit der Faust auf den Tisch haute*/(selten:) *hieb, war Ruhe im Schacht*.
- *schaffen* (= schöpferisch tätig sein): *schuf – geschaffen*: *Die Künstlerin hat ein wesentliches Werk geschaffen*. Aber: *schaffen* (= arbeiten, erledigen): *Ich habe heute viel geschafft*.
- *scheren* (= schneiden): *schor – geschoren*: *Nach dem Gewinn der Europameisterschaft wurde dem Bundestrainer der mächtige Schnauzer geschoren*. Aber: *scheren* (= sich kümmern oder auch = sich wegbewegen): *scherte – geschert*: *Um die Kinder scherte er sich einen Dreck. Wenn sie sich zum Teufel geschert hat, soll's mir recht sein*.
- *schleifen* (= schärfen und auch = hart üben): *schliff – geschliffen*: *Der Scherenschleifer schliff die Scheren. Wir sind von diesem Feldwebel geschliffen worden bis zum Gehtnichtmehr!* Aber: *schleifen* (= über den Boden ziehen und auch = niederreißen): *schleifte – geschleift*: *Sie schleiften die Leiche zum Kofferraum. Nachdem die Festung erst einmal geschleift war, gab es nur noch Brennen und Morden*.
- *schleißen* (intransitiv = sich allmählich auflösen): *schliss – geschlissen*: *Das fein bestickte Wams schliss doch schon sehr*. Aber veraltend: *schleißen* (transitiv = die Federfahne vom Kiel lösen, Holz in feine Späne spalten): *schliss – geschlissen* und ebenso: *schleißte – geschleißt*: *Vorsichtig schliss/schleißte sie die eigentlich herrlich gezeichneten Federn*.
- *weben* (in übertragener Bedeutung), meist: *wob – gewoben*: *Nicht von ungefähr hat die hysterische Pianistin schon beizeiten an der eigenen Legende gewoben*. Aber: *weben* (in wörtlicher Bedeu-

tung): *webte – gewebt*: *Diese Teppiche wurden von Hand gewebt – von indischer Kinderhand!*

- *wiegen* (= schwer sein und auch = das Gewicht feststellen): *wog – gewogen*: *Wie viel wog Muhammad Ali vor diesem Kampf eigentlich? Gewogen und für zu leicht befunden.* Aber: *wiegen* (= hin- und herbewegen und auch = klein hacken): *wiegte – gewiegt*: *Selbst als ich den ebenso niedlichen wie störenden Schreihals ausdauernd wiegte, wollte er keine Ruhe geben. Dann sollte erst einmal der Schnittlauch gewiegt werden.*

Das transitive Verb *stecken* wird stets schwach konjugiert: *steckte – gesteckt*: *Der Prokurist steckte seine Finger in gefährliche Geschäfte.* Auch das intransitive Verb *stecken* wird meist schwach konjugiert. Es kann jedoch zu einer Mischform kommen, weil das Präteritum gelegentlich stark gebildet wird (das Partizip dagegen stets schwach): *steckte – gesteckt*, gelegentlich: *stak – gesteckt*: *In den Bäumen staken/steckten noch Granatsplitter.*

90. Der Prüfling sah das Unglück unaufhaltsam auf sich zusteuern

Personal- oder Reflexivpronomen beim A. c. I.

Wer noch den guten (oder auch nicht so sehr guten) Lateinunterricht genießen durfte, wird sich mit einem leichten Schaudern des A. c. I., des Akkusativs mit Infinitiv, erinnern. Nicht so häufig und auch nicht so wild konstruiert wie im Lateinischen taucht er im Deutschen auf:

Der Prüfling sieht <u>das Unglück nahen</u>.
Akkusativ mit Infinitiv (A. c. I.)

Ganz schön ins Grübeln kann man geraten, wenn im Akkusativ mit Infinitiv ein Pronomen auftaucht. Muss es nun ein Personalpronomen sein oder ein Reflexivpronomen?

Bezieht sich das Pronomen auf das Akkusativobjekt, wird stets das Reflexivpronomen verwendet: *Der Prüfling sah das Unglück <u>sich</u> nähern.* (= Der Prüfling sah das Unglück. Es näherte sich.)

Bezieht sich das Pronomen dagegen auf das Subjekt, schwankt

der Gebrauch. Eigentlich müsste dann das Personalpronomen verwendet werden. Dennoch wird oft das Reflexivpronomen gewählt, besonders, wenn vor dem Pronomen eine Präposition steht: *Der Prüfling sah das Unglück unaufhaltsam auf sich* (eigentlich: *auf ihn*) *zusteuern.* (= Der Prüfling sah das Unglück. Es steuerte unaufhaltsam auf ihn zu.) Steht das Pronomen aber ohne Präposition, wird das Personalpronomen verwendet: *Der Prüfling sah die begehrenswerte Kommilitonin ihm zulächeln. Diese wiederum hörte den Hausmeister ihr etwas zurufen.*

91. Man erwartete ein massenweises Auftauchen von Stones-Fans

Wörter mit *-weise* – adverbial oder attributiv

Zusammensetzungen aus einem Substantiv und *-weise* werden meist als Adverbien verwendet: *Massenweise tauchten Stones-Fans auf. Normalerweise macht ihm das gar nichts.*

Sie können jedoch auch attributiv als Adjektiv eingesetzt werden – allerdings nur dann, wenn sie sich auf Substantive beziehen, die ein Geschehen ausdrücken (Nomina Actionis): *seine schrittweise Annäherung an die Weltspitze*, *das scharenweise Überlaufen zum Feind*, *das massenweise Auftreten von Stones-Fans.* Vor anderen Substantiven können sie dagegen nicht stehen: **ein sackweiser Lohn*, **eine teilweise Lösung.*

Zusammensetzungen aus einem Adjektiv und *-weise* werden hingegen ausschließlich als Adverbien verwendet, niemals als attributive Adjektive: *Klugerweise verschwand ich dann. Das Suchwortverzeichnis zu erstellen, hat dankenswerterweise die Lektorin übernommen.* Nicht aber: **mein klugerweises Verschwinden*, **die dankenswerterweise Erstellung des Suchwortverzeichnisses.*

Anmerkung: Übrigens wird *-weise* – oder hier besser: *Weise* – in ähnlichen Zusammenhängen getrennt vom Adjektiv geschrieben und dann auch groß. Dies ist immer der Fall, wenn man *Weise* in Verbindung mit der Präposition *in* verwendet: *in kluger Weise vermitteln*, *in netter Weise kritisieren.*

92. *Wenn man schon so viele Worte macht, müssen es ja nicht noch alles Fremdwörter sein*

Plural des Wortes *Wort*

Manchmal fehlen einem die *Worte*, seltener die *Wörter*. Die fehlen allenfalls dem Aphasiker, also jemandem, der sein Sprechvermögen verloren hat. Was genau hat es denn auf sich mit den beiden unterschiedlichen Pluralformen des Wortes *Wort*?

Es geht um die Bedeutung. Das *Wort* kann man unterschiedlich verstehen: zum einen in dem Sinne von «Laut- bzw. Schriftgebilde», «Einzelwort», zum anderen in dem Sinne von «Begriff», «Äußerung, die einen Sinn vermittelt», «Ausspruch» u. Ä.

Im Sinne von «Einzelwort», «Laut- bzw. Schriftgebilde» hat *Wort* den Plural *Wörter*: *Alle Wörter dieses Satzes haben weniger als 18 Buchstaben und sind keine Fremdwörter oder Geschlechtswörter. Als Plakatmalerin darf Uta ruhig große Wörter malen.*

Im Sinne von «Begriff», «Äußerung, die einen Sinn vermittelt», «Ausspruch» hat *Wort* den Plural *Worte*: *Mit ein paar rührenden Worten hatte sie das ganze Rugby-Team auf ihre Seite gezogen. Mach doch nicht wieder so große Worte!*

Anmerkung: Nicht allein das Wort *Wort* beansprucht gleich zwei Pluralformen für sich. Das kann das Wort *Stichwort* schon lange. Wenn der aufstrebende Schriftsteller sich etwa ein paar kurze Aufzeichnungen für seinen neuen nobelpreisverdächtigen Roman macht, sollten die schon einen Sinn ergeben, also eher *Stichworte* sein. Dagegen weisen die Begriffe, die in einem Lexikon erklärt werden, untereinander kaum einen Sinnzusammenhang auf, so dass hier der Plural *Stichwörter* angemessen ist.

93. *Er hat die Fußballschuhe, an denen er so gehangen hat, endgültig an den Nagel gehängt*

Starke und schwache Konjugation beim Verb *hängen*

Nicht korrekte Sätze wie: **Der Experte hatte seine Argumentation moralisch sehr hoch gehangen* oder **Das Jackett hatte in der Garderobe gehängt* zeugen davon, dass hier zwei Verben verwechselt wurden, die es auseinander zu halten gilt. Der Infinitiv *hängen* kann nämlich einerseits zum intransitiven Verb *hängen*, also zu einem Verb o h n e Akkusativobjekt, mit den unregelmäßigen Stammformen *hängen, hing, gehangen* gehören: *Der Ex-Manager hing wie ein Schluck Wasser über der Kantinen-Bar. Die Zahlungsunfähigkeit hatte jahrelang als Damokles-Schwert über dem Unternehmen gehangen.* Andererseits kann der Infinitiv *hängen* zum transitiven Verb *hängen* gehören, also zu einem Verb m i t Akkusativobjekt (Frage: wen/was?), mit den regelmäßigen Stammformen *hängen, hängte, gehängt*: *Man hängte einen Mistelzweig über die Tür. Tom Dooley wurde gehängt und besungen. Die Eisprinzessin hat die Schlittschuhe endgültig an den Nagel gehängt.*

Anmerkung: Auch bei Zusammensetzungen mit *hängen* wie: *abhängen, anhängen, überhängen, vorhängen* usw. ist der Unterschied zwischen transitivem und intransitivem Verb zu beachten:

Die Joint Ventures haben lange von den Subventionen der EU abgehangen. Aber: *Das Ordnungsamt hat die Hinweisschilder nicht selbst abgehängt.*

Die Nordroute kam nicht in Frage, weil die Felswand doch sehr stark überhing. Aber: *Alle wussten Bescheid, als sich die Architektin noch schnell ein Cape überhängte.*

94. Übemethode/Übmethode, Legehenne/Leghenne

Fugen-*e* bei Zusammensetzungen aus Verbstamm und Substantiv

In 80 bis 90 Prozent aller Zusammensetzungen aus Verbstamm und Substantiv wird kein Fugen-*e* verwendet: *Waschmaschine, Schreibtisch, Brechreiz* usw.

Die Frage, wann ein Fugen-*e* zu setzen ist, kann nicht mit einer durchgängig gültigen Regel beantwortet werden. Es lässt sich allenfalls tendenziell angeben, wo sich Bildungen mit Fugen-*e* häufen. Es scheint so zu sein, dass Zusammensetzungen mit Verben, deren Stamm einsilbig ist u n d auf einen stimmhaften Obstruenten *b, d, g, s* endet, (in ungefähr der Hälfte der Fälle) zu einem Fugen-*e* neigen: *Badeanstalt, Liegewiese, Nagetier, Reibekuchen, Lesebrille, Übemethode, Legehenne.*

In einem Drittel der Fälle steht nach *-t-* und *-ng-* ein Fugen-*e*: *Haltevorrichtung*, *Wartesaal*, *Hängepartie*.

S t e t s folgt nach Verbstämmen auf *-t-* ein Fugen-*e*, wenn das Grundwort mit *t* oder einem stimmhaften *s* beginnt: *Haltetau*, *Ratesendung*.

Nach Verbstämmen auf *-d-* folgt s t e t s ein Fugen-*e*, wenn das Grundwort mit einem Vokal oder einem *m*, *r*, *p*, *t* oder *k* beginnt: *Wendearsch*, *Bindemittel*, *Laderampe*, *Sendepause*, *Siedetemperatur*, *Scheidekunst*.

Anmerkung: Es gibt einige regionale Unterschiede. In der Schweiz neigt man häufiger zu Zusammensetzungen ohne Fugen-*e*: *Badanstalt*, *Wartsaal* statt: *Badeanstalt*, *Wartesaal*.

95. Was ist der schlimmste von hundertundein Fehlern?

Deklination von *ein/eins*, auch in zusammengesetzten Zahlwörtern

Das Wort *eins* meint immer die Kardinalzahl. Sie wird ausschließlich beim bloßen Zahlenaufzählen und beim Rechnen verwendet: *eins*, *zwei*, *drei … hunderteins/hundertundeins … tausendeins/tausendundeins …*; *hundert plus eins gleich hunderteins/hundertundeins*.

Steht diese Zahl aber vor einem Substantiv, werden also nicht bloß Zahlen aufgezählt, sondern Gegenstände gezählt, so wird nicht *eins*, sondern *ein* gebraucht.

Dabei bleibt *ein* im Plural stets undekliniert: *hundertein/hundertundein Fehler*, *bei hundertein/hundertundein Fehlern*.

Im Singular dagegen wird dekliniert: *bei einem Fehler*, *von hunderteinem/hundertundeinem Fehler*, *Märchen aus tausendeiner/tausendundeiner Nacht*. Ausnahme: Wenn *ein* durch *und*, *oder*, *bis* mit *zwei* oder *ander* verbunden ist, bleibt es undekliniert: *An ein bis zwei Konkursen muss man sich schon eine goldene Nase verdient haben. Das ein oder andere wirst du noch üben müssen.*

96. Das spiegelte ihre Unsicherheit wider / Das widerspiegelte ihre Unsicherheit

Tmesis

Trennbare Verben (auch unfest zusammengesetzte Verben genannt) sind zusammengesetzte Verben, die nur in den infiniten Formen (Infinitiv, Partizip I und II) zusammengeschrieben werden sowie im mit Subjunktion oder Relativpronomen eingeleiteten Nebensatz: *einkaufend, eingekauft*; *weil du immer diesen fabrikneuen Schrott einkaufst.* In allen anderen Fällen wird der Verbzusatz abgetrennt (daher: trennbare Verben) und nachgestellt: *Du kaufst fabrikneuen Schrott ein. Kauf doch keinen fabrikneuen Schrott ein!* Getrennt vom Verb steht der Verbzusatz in Ausdrucksstellung am Anfang des Satzes: *Hinzu rechne ich, dass du ihn schon damals so nobel unterstützt hast.*

Bei einigen trennbaren Verben wird der eigentlich getrennt nachzustellende Verbzusatz gelegentlich doch mit dem Grundverb zusammengeschrieben, vor allem bei Verben wie *aberkennen*, *anberaumen*, *anempfehlen*, *anerkennen*, *anvertrauen*, *vorenthalten*, *widerhallen*, *widerspiegeln* u. a.: *Er anerkannte ihre Überlegenheit. Das widerspiegelte ihre Unsicherheit.* Statt eigentlich: *Er erkannte ihre Überlegenheit an. Das spiegelte ihre Unsicherheit wider.* (Aber: Im Infinitiv mit *zu* bleibt es stets beim Muster der trennbaren Verben, das heißt, das Wort *zu* wird nie getrennt vorangestellt, sondern stets zwischen Verbzusatz und Grundverb gesetzt, allerdings mit beiden zusammengeschrieben. Nicht möglich: **Er dachte gar nicht daran, ihre Überlegenheit zu anerkennen*. Sondern nur: *Er dachte nicht daran, ihre Überlegenheit anzuerkennen*.)

Die Nichttrennung eigentlich trennbarer Verben trifft man vor allem in Süddeutschland, Österreich und der Schweiz an.

Etwas anders als bei oben genannten Verben liegen die Verhältnisse bei den Verben *obliegen*, *obsiegen*, *obwalten*, *übersiedeln.* Diese kann man, ohne dass sich dadurch etwas an ihrer Bedeutung ändert, verschieden betonen: *obliegen/obliegen; obsiegen/obsiegen; obwalten/obwalten; übersiedeln/übersiedeln*. Daher kann man sie ganz regelgerecht einmal als trennbar, das andere Mal als nicht trennbar auffassen: *Yvonne Marxer siedelte dann doch wieder von Wien nach Schaan über. / Yvonne Marxer übersiedelte dann doch wieder von Wien nach Schaan. Es liegt Ruth nicht ob, das zu kommentieren. / Es obliegt Ruth nicht, das zu kommentieren.*

Ein Unterschied: Zu *obliegen*, *obsiegen* und *obwalten* existieren bei den infiniten Formen ausschließlich die trennbaren: *obgelegen*, *obgesiegt*, *obgewaltet*, *obzuliegen*, *obzusiegen*, *obzuwalten.* Bei *übersiedeln* kann man dagegen sowohl die trennbaren wie auch die untrennbaren Formen verwenden: *übergesiedelt/übersiedelt*, *überzusiedeln / zu übersiedeln.*

97. Karin hatte jemand Interessantes / jemand Interessanten / jemanden Interessantes interviewt

Deklination von *jemand/niemand*, Deklination nach *jemand/niemand*

Die Pronomen *jemand* und *niemand* können im Dativ und Akkusativ sowohl mit als auch ohne Deklinationsendung verwendet werden: *Der Shareholder-Value bedeutet jemand/jemandem Ihres Gelichters wohl überhaupt nichts mehr, wie? Mit dieser Frage hast du jemand/jemanden sehr verletzt. Das nutzt niemand/niemandem.*

Nominativ	*jemand*	*niemand*
Genitiv	*jemand[e]s*	*niemand[e]s*
Dativ	*jemand[em]*	*niemand[em]*
Akkusativ	*jemand[en]*	*niemand[en]*

Wenn *jemand/niemand* vor *anders* oder einem deklinierten Adjektiv steht, wird häufiger die endungslose Form verwendet: *Das können Sie meinetwegen jemand/*(seltener:) *jemandem anders andrehen. Karin hatte jemand/*(seltener:) *jemanden Interessantes interviewt.*

Bei Kombinationen aus *jemand* und substantiviertem Adjektiv im Neutrum kann das Adjektiv in allen Kasus unverändert bleiben: *mit jemand Interessantes, ohne jemand Interessantes.* (Diese Formen haben sich aus Genitiven des Neutrums entwickelt.) Gebräuchlicher ist es allerdings zu deklinieren: *mit jemand Interessantem, ohne jemand Interessanten.*

98. Das kostet mich ein müdes Lächeln und die Schalker / den Schalkern den Sieg

Wertigkeit von *kosten*

Zu entscheiden, ob *kosten* nun den doppelten Akkusativ fordert oder die Kombination aus Dativ der Person und Akkusativ, kostet den Kenner nur ein müdes Lächeln. Denn er weiß, dass *kosten* in zwei unterschiedlichen Bedeutungen verwendet wird und dass von der Bedeutung die Wertigkeit dieses Verbs abhängt.

Zunächst einmal wird *kosten* gebraucht im Sinne von «etwas ist von jemandem nur über die Entrichtung eines Preises zu bekommen». In dieser Bedeutung verlangt *kosten* den doppelten Akkusativ: *Das ganze Computerzeug hat unseren guten Studienrat schließlich an die 10 000 EUR gekostet. Den Trainer nicht mit Verbalinjurien zu überschütten kostete die Eisschnellläuferin eine schier unmenschliche Selbstkontrolle. Das kostet mich nur ein müdes Lächeln.*

Man verwendet *kosten* aber auch im Sinne von «etwas bringt jemanden um etwas». Dann sind sowohl der doppelte Akkusativ als auch die Konstruktion aus Dativ der Person und Akkusativ möglich: *Dieses Foul kostete die Schalker / den Schalkern den Sieg. Es wird dich/dir schon nicht den Kopf kosten.* Üblicher ist allerdings auch hier der doppelte Akkusativ.

Anmerkung: Auch die Wendung *sich eine Sache etwas kosten lassen* ist mit beiden Konstruktionen möglich: *Das hast du dich/dir ja ganz schön was kosten lassen.*

99. dass-Satz/Dasssatz, Ich-Sucht/Ichsucht

Groß- oder Klein-, Getrennt- oder Zusammenschreibung, Schreibung mit Bindestrich

Zusammensetzungen aus Wörtern (*Ichsucht, Sollbruchstelle*) oder aus Wörtern und Wortableitungen (*hochprozentig, vielseitig* mit den Wortableitungen *-prozentig* und *-seitig*) werden normalerweise ohne Bindestrich zusammengeschrieben. Zur Hervorhebung kann aber auch der Bindestrich eingesetzt werden: *Ich-Sucht, Soll-Bruchstelle, viel-seitig.*

Eine solche Zusammensetzung kann auch ein Bestimmungswort enthalten, das nur zitierend, ohne seine Bedeutung beizusteuern, verwendet wird: *Dasssatz*, *Undprobe*, *Alsanschluss*, *dasssatzartig*. Bei der immer möglichen und meist zu bevorzugenden Bindestrichschreibweise ist dann zu beachten, dass dieses Wort in Bezug auf seine Groß- oder Kleinschreibung stets in seiner lexikalischen Normalform auftritt, egal um welche Wortart es sich handelt: *dass-Satz*, *und-Probe*, *als-Anschluss*, *dass-Satz-artig*.

100. Du trankst/trankest so seltsam schwarzen Wein und aßest dazu ein Warzenschwein

Präteritum-Konjugation

Im heutigen Deutsch lässt man das *-e-* der unregelmäßigen Verben in der 2. Person Singular oder Plural des Präteritums meist weg: *Du trankst einen hervorragenden Wein. Ihr trankt einen hervorragenden Wein.* Die Verwendung des *-e-* gilt als veraltet: *Du sangest, du für sie in deiner Jugend nicht singend // Du sprachest zur Gottheit …* (Hölderlin).

Ist der letzte Buchstabe des Verbstammes jedoch ein *-d-* oder *-t-*, wird aus lautlichen Gründen das *-e-* in der 2. Person Plural stets gesetzt: *Ihr fandet mich bass erstaunt.* In der 2. Person Singular kommen beide Formen vor: *Du fand[e]st mich bass erstaunt.*

Bei unregelmäßigen Verben, deren Stamm auf einen Zischlaut endet, bleibt das *-e-* in der 2. Person Singular immer erhalten: *du aßest*, *lasest*, *wiesest*, *schissest*, *wuschest* usw. In der 2. Person Plural dagegen kann es durchaus wegfallen: *ihr aß[e]t*, *las[e]t*, *wies[e]t*, *schiss[e]t*, *wusch[e]t* usw.

101. Die Zugabe

Wie gliedert man Telefonnummern?
Setzt man ein Länderkennzeichen vor die Postleitzahl?
Wie schreibt man *E-Mail*?
Wie zitiert man üblicherweise Quellen, wie Bücher und wie Internetadressen?
Wie ist in Zweifelsfällen alphabetisch einzuordnen?

Wer Texte verfasst, dem stellen sich etliche Fragen, die nicht unmittelbar mit der deutschen Grammatik zusammenhängen, sondern sich eher auf Formelles beziehen. Hier einige Antworten:

Gliederung von Telefon- und Telefaxnummern

Telefon- und Telefaxnummern werden durch je ein Leerzeichen zwischen Landesvorwahl bzw. Anbieter, Ortsnetzkennzahl und Einzelanschluss gegliedert. Bei der Ortskennzahl wird die einleitende 0 weggelassen, wenn es sich um eine internationale Angabe handelt. Gibt es in größeren Institutionen oder Unternehmen Durchwahlnummern, werden diese mit Mittestrich ohne Leerzeichen angeschlossen. Ist bei Sondernummern nach der Nummer des Anbieters eine Gebührenziffer vorhanden, wird davor und dahinter ein Leerzeichen gesetzt.

International: +49 201 1234567-123
National: 0201 1234567-123
Sondernummer: 0190 3 56789

Auslandsanschriften (Länderzeichen vor der Postleitzahl?)

Auslandsanschriften sind immer in lateinischen Buchstaben und arabischen Ziffern zu schreiben, Bestimmungsort und Bestimmungsland in Großbuchstaben. Vor die Postleitzahl (so vorhanden) wird k e i n Länderzeichen gesetzt. Die Angabe des Bestimmungslandes schreibt man in deutscher Sprache in die letzte Zeile der Anschrift:

Mevrouw Antje Verkerk
Lieve Vrouwe Straat 293
6291 JA VAALS
NIEDERLANDE

Zusätze am Briefschluss: *i. V. / i. A. / ppa.*

Man sieht sie allenthalben, diese Zusätze am Briefschluss wie *i. A.*, *i. V.* und *ppa.* Aber häufig werden sie falsch eingesetzt. Was also bedeuten sie genau?

Die Abkürzung *i. A.* bedeutet *im Auftrag*, das heißt, wer so einen Brief unterschreibt, hat genau dafür eine Vollmacht erhalten (oder behauptet dies zumindest).

Das Kürzel *i. V.* dagegen bedeutet *in Vollmacht* bzw. *in Vertretung* und umfasst Weitergehendes: Wer so unterzeichnet, behauptet, vom entsprechend Befugten eine allgemeine Handlungsvollmacht erhalten zu haben.

Die Abkürzung *ppa.* steht für lateinisch *per procura*. Diese Abkürzung besagt, dass der/die Unterzeichner/-in die Prokura hat, das heißt die handelsrechtliche Vollmacht, alle Arten von Rechtsgeschäften für seinen/ihren Betrieb zu tätigen, bzw. dass er/sie Prokurist/-in ist.

Diese Abkürzungen können entweder vor der handschriftlichen Namenszeichnung oder vor der maschinenschriftlichen Wiedergabe des Namens stehen. Der oder die Ranghöhere unterschreibt links.

Übrigens: Die Schreibung von *E-Mail*

Nach offizieller Regelung ist allein *E-Mail* die korrekte Schreibweise.

Zitate, bibliographische Angaben

Wörtliche Zitate werden in Anführungszeichen gesetzt. Ausgelassene Textstellen werden stets durch (drei) Auslassungspunkte in eckigen Klammern gekennzeichnet. Hinter dem Zitat folgt unmittelbar der Hinweis auf den Verfasser. Das kann auf unterschiedliche Arten geschehen. Detaillierteres dazu ist in der DIN 1505 zu finden. In

Texten mit Literaturverzeichnis ist heute ein Kurzhinweis in Klammern üblich mit dem Nachnamen des Verfassers, dem Erscheinungsjahr der zitierten Quelle und der Seitenangabe. Die genauen Angaben folgen dann im Literaturverzeichnis am Ende des Textes. Beispiel:

«Nein, wer fortging, den befiel irgendwann in den Augen der Zurückbleibenden eine Art Totenstarre. Man war noch auf der Welt, spielte aber keine Rolle mehr» (Achten 1999, 63).

Im Literaturverzeichnis fände sich dann:

Achten, Willi (1999): Von Liebe und Blau. Blieskastel.

Dies ist die gängige Kurzform. Aber auch hier gibt es Varianten, vor allem, was die Ausführlichkeit angeht. Hier gibt die DIN 1502, Teil 2, Auskunft. Gemäß dieser Norm hätte unser Titel wie folgt auszusehen:

Achten, Willi: Von Liebe und Blau. Blieskastel. Gollenstein 1999.

Bei unselbstständig erschienenen Werken ist folgende Kurzform üblich:

Schmidt, Gerhart (1994): Ontologische Fragen zum Spätwerk Nietzsches. In: Berlinger, Rudolph; Fink, Eugen; Imamichi, Tomonobu; Schrader, Wiebke (Hg.): Perspektiven der Philosophie. Neues Jahrbuch. Bd. 20. Amsterdam/Atlanta.

Viel Unklarheit herrscht darüber, wie Websites und Homepages zu zitieren sind. Hier ein Vorschlag:

Autor = Institution, Firma oder Person (Jahresangabe). Titel. <Adresse>. Revisionsdatum/Version/Zitationsdatum.

Beispiel:

Klaus Mackowiak (2004). Klaus Mackowiak: Journalist/Sprachberater. <http://www.klaus-mackowiak.de>. Revision vom 11.11.2004.

Geht es nicht darum, ein Zitat zu belegen, sondern um einen allgemeinen Hinweis auf eine Homepage (etwa als Zusatz zu einem Literaturverzeichnis), reicht meist die kürzere Form: *Klaus Mackowiak: <http://www.klaus-mackowiak.de>.*

Detaillierteres zum Zitieren von elektronischen Medien allgemein findet man in: Duden (2003): Satz und Korrektur, S. 47–50.

Alphabetische Einordnung

Generelle Reihenfolge:

Leerzeichen
vor Bindestrich
vor Buchstaben des lateinischen Alphabets

- Kleinbuchstaben vor Großbuchstaben
- Grundbuchstaben wie Umlaute; nur wenn die Buchstabenfolge sonst gleich ist, Grundbuchstabe vor Umlauten
- *ß* wie *ss*; nur wenn die Buchstabenfolge sonst gleich ist, *ss* vor *ß*
- Buchstaben mit diakritischen Zeichen wie Grundbuchstaben; nur wenn die Buchstabenfolge sonst gleich ist, Grundbuchstabe vor Buchstabe mit diakritischem Zeichen (genaue Liste der Rangfolge diakritischer Zeichen in DIN 5007, 6.2.3)

vor Buchstaben aus nicht lateinischen Alphabeten
vor römischen Zahlen
vor arabischen Ziffern

Beispiel:
a – à – hohe Tauern – Hohenstaufen – ideal – Ideal – imaginär – imaginativ – Masse – Maße – Mucke – Mücke – λογος – MMIV – 2004

Genaueres entnehme man der DIN 5007 und 5007-2. Diese Normen sind Empfehlungen; kaum ein Wörterbuch hält sich in allen Punkten daran.

Bei der alphabetischen Auflistung von Namen ist Folgendes zu beachten:

Für den Platz in der alphabetischen Auflistung von Namen ist im Allgemeinen der Familienname ausschlaggebend.

Der Vorname bzw. die Vornamen folgen nach einem Komma dem Familiennamen: *Caprius, Rolf.*

Bei gleichen Familiennamen ist die alphabetische Reihenfolge der Vornamen ausschlaggebend: *Caprius, Ingrid – Caprius, Rolf – Caprius, Zita.*

Namenszusätze wie *van*, *von*, *de*, *de la* usw. und Adelstitel folgen nach dem Vornamen:

In der Regel werden – entgegen der DIN – aber Namenszusätze, die großgeschrieben werden, mit dem Familiennamen alphabetisiert: *Du Bois, William Edward Burghardt – Van Doren, Carl Clinton.*

Wenn der Namenszusatz allerdings mit dem Familiennamen verschmolzen ist, bleibt er auch nach DIN beim Namen und geht mit in die Alphabetisierung nach dem Familiennamen ein: *DiCaprio, Leonardo – MacArthur, Douglas – O'Neill, Eugene Gladstone.*

Akademische Grade und Titel werden wie Namenszusätze behandelt, folgen also dem/den Vornamen: *Gatzemeier, Matthias [Prof. Dr.]*. Allerdings werden akademische Grade meist gar nicht aufgeführt.

Also: *Caprius, Anne von – Caprius, Ingrid – Caprius, Rolf – Caprius, Zita – Caprivi, Georg Leo Graf – DiCaprio, Leonardo – Du Bois, William Edward Burghardt – Gatzemeier, Matthias [Prof. Dr.] – Loo, Adrian van – MacArthur, Douglas – O'Neill, Eugene Gladstone – Van Doren, Carl Clinton.*

Suchwortregister

Die Zahlen bezeichnen die Kapitel des Buches bzw. die Nummern der «Fehler».

Grammatische Fachbegriffe

A. c. I. – accusativus cum infinitivo (Akkusativ mit Infinitiv, A. m. I.), ein Akkusativobjekt, das um eine Infinitivgruppe ohne *zu* erweitert ist: *Ulla hört das Gras wachsen. Die Landvermesser sahen den Bauern noch schnell das Feld pflügen.*

A. m. I. – siehe A. c. I.

Ablaut – regelmäßiger Wechsel des Stammvokals etymologisch zusammengehörender Wörter und Wortformen, etwa: *sitzen – saß – gesessen*

accusativus cum infinitivo – siehe A. c. I.

Adjektiv – Eigenschaftswort; Wortart, deklinierbar, besitzt die Steigerungsformen Komparativ und Superlativ, bezeichnet meist eine Eigenschaft des Bezugswortes: *rot*, *verwendbar*, *seiden*, *unsinnlich* usw.

Adjektivprädikat – Prädikat, das aus einem endungslosen Adjektiv und einer Form von *sein*, *werden*, *bleiben* o. Ä. besteht: *seid brav*, *wurdest furchtsam*, *sauber bleiben* usw.

adnominal – siehe adsubstantivisch

adsubstantivisch – adnominal, Verwendungsweise von Wörtern, vor allem Pronomen. Pronomen können substantivisch, als syntaktischer Stellvertreter eines Substantivs, verwendet werden: *Jeder ist seines Glückes Schmied* oder adsubstantivisch, als Begleiter des Substantivs: *Jeder Mensch ist zoologisch ein Säugetier.*

Adverb – Umstandswort; Wortart, ungebeugt, die einen örtlichen oder zeitlichen Umstand oder einen der Art und Weise, des Grundes usw. angibt: *dahin*, *hier*, *vorgestern*, *daher* usw.

adverbiale Bestimmung – Angabe; Satzglied: *damals*, *seinerzeit*, *aufgrund eurer zynischen Bemerkung*, *trotz Trotz* usw.

adverbialer Akkusativ – Satzglied im Akkusativ, das die Stelle einer Angabe besetzt: *Und du hast mich all die Jahre so sehr gehasst?*

adverbialer Genitiv – Satzglied im Genitiv, das die Stelle einer Angabe besetzt: *Ein solches Tor hast du meines Wissens in der Regionalliga noch nicht geschossen.*

Adverbialsatz – Nebensatz, der im übergeordneten Satz die Stelle einer Angabe besetzt: *Ein solches Tor hast du, soviel ich weiß, in der Regionalliga noch nicht geschossen.*

adversativ – entgegensetzend

Agens – Handelnder

Akkusativ – 4. Fall (Kasus), Wenfall: *den Liebling*

Akkusativ mit Infinitiv – siehe A. c. I.

Akkusativobjekt – Satzglied, traditionelle Bezeichnung für die Ergänzung 2, Ergänzung im Akkusativ

Aktionsart – Art und Weise des durch ein Verb ausgedrückten Geschehens, man unterscheidet die zeitliche Verlaufsweise, die Wiederholung, den Grad

Aktiv – ein Genus Verbi; täterbezogen: *sie untersuchen* (dagegen Passiv: *sie werden untersucht*), *du hast vernichtet* (dagegen Passiv: *du bist vernichtet worden*)

anaphorisch – zurückverweisend, Funktion etwa von Pronomen, auf ein anderes Wort oder Satzglied zurückzuverweisen und als dessen syntaktischer Stellvertreter aufzutreten: *Ich hatte Pech. Das klebt geradezu an mir.*

Angabe – adverbiale Bestimmung; Satzglied, das nicht zur Valenz (Wertigkeit) des Verbs gehört; man unterscheidet Raum-, Zeit-, Art-, Grundangaben u. a.: *trotzdem*, *aufgrund kurzweiliger Vorstellungen*, *so*, *auf jede andere Art*, *in elf Jahrhunderten*, *dann*, *über den Dingen*, *daneben* usw.

Apposition – substantivisches Attribut, das in der Regel mit dem Bezugswort im Kasus übereinstimmt

Artikel – Geschlechtswort; Wortart, deklinierbar, Begleiter des Substantivs, bestimmter A.: *der, die*, *das*, unbestimmter A.: *ein*, *eine*, *ein*

Attribut – Beifügung; untergeordnetes Satzglied; Hinzufügung zu einem Satzglied

Attributsatz – Nebensatz, der die Stelle eines Attributs besetzt

Bestimmungswort – erster Bestandteil einer Wortzusammensetzung, in der das erste Wort dem zweiten, dem Grundwort, untergeordnet ist: *Wadenkrampf*, *Wadenkrampfbehandlung*

Consecutio Temporum – Zeitenfolge (siehe dort)

Dativ – 3. Fall (Kasus), Wemfall: *dem Ross*

Dativobjekt – Satzglied, traditionelle Bezeichnung für die Ergänzung 3, Ergänzung im Dativ

Deklination – Beugung, das heißt Formabwandlung für die einzelnen Fälle (Kasus) und Numeri (Einzahl/Mehrzahl) von Substantiven, Adjektiven, Artikeln und Pronomen

deklinieren – Beugen von Substantiven, Adjektiven, Artikeln und Pronomen

Demonstrativpronomen – hinweisendes Fürwort: *dieser*, *jene*, *das*, *derjenige*, *dasselbe*, *selbst* usw.

Determinativum – Oberbegriff für die Wortarten Artikel, Pronomen, Zahlwort

Diminutiv – Verkleinerungsbildung: *Herzchen*, *bisschen*, *Mägdelein*, *Fräulein* usw.

Diphthong – Gleitlaut aus zwei Vokalen: *ai*, *ei*, *au*, *eu* usw.

Direktivum – Äußerung des Bittens, Befehlens, Warnens, Wünschens, Verbietens usw.

durativ – siehe imperfektive Verben

egressiv – siehe resultative Verben

Ellipse – Auslassung von Redeteilen: *Welcher Junge hat mich gerade so lieb geküsst? Der süße Punker dort!* (ausgelassen: *hat mich/dich gerade so lieb geküsst*)

Ergänzung – durch die Wertigkeit (Valenz) des Verbs bedingtes Satzglied, kann auf verschiedene Weise realisiert werden: als Nominalphrase in einem bestimmten Fall, als Nebensatz, als Infinitivgruppe u. a.; man unterscheidet Ergänzung 1 (Subjekt) als Nominalphrase im Nominativ (Frage: Wer?/Was?), Ergänzung 2 (Akkusativobjekt) als Nominalphrase im Akkusativ (Frage: Wen?/Was?), Ergänzung 3 (Dativobjekt) als Nominalphrase im Dativ (Frage: Wem?), Ergänzung 4 (Genitivobjekt) als Nominalphrase im Genitiv, (Frage: Wessen?), Ergänzung 5 (Präpositionalobjekt) als Nominalphrase, die mit einer Präposition eingeleitet wird, Raumergänzung als einzelnes Adverb, meist aber als Nominalphrase, die durch eine Präposition eingeleitet wird, und weitere Ergänzungen.

Ergänzungssatz – Inhaltssatz; Nebensatz, der die Stelle einer Ergänzung besetzt, z. B. die des Subjekts (Subjektsatz), Objekts (Objektsatz) u. a., wird meist durch ein Fragepronomen (*wen*, *was*, *wem*, *wessen*, *welche* u. a.), ein undeklinierbares Fragewort (*warum*, *wozu* u. a.) oder durch Subjunktionen wie *dass*, *ob* u. a. eingeleitet; Subjektsatz (der Ergänzungssatz besetzt die Stelle des Subjekts): *Ob Claudia nichts davon hat wissen können, wird noch zu untersuchen sein*; Objektsatz (hier wird die Stelle des Akkusativobjekts besetzt): *Claudia sagt aus, dass sie nichts davon gewusst haben könne*. Möglich ist aber oft auch ein Anschluss ohne Einleitungswort in Form eines angeführten Satzes oder eines erweiterten Infinitivs mit *zu*. Angeführter Satz: *Claudia sagt aus, sie habe nichts davon wissen können*. Infinitiv: *Claudia sagt aus, nichts davon gewusst haben zu können*.

Expressivum – Äußerung von Gefühlen, Gemütsbewegungen usw.: *o weh*, *sapperlot*, *aua*, *o*, *boh*, *hm* usw.

Faktizität – Eigenschaft des Verbs; faktive Verben drücken aus, dass ein Sprecher vom Inhalt des vom faktiven Verb abhängigen *dass*-Satzes überzeugt ist, z. B.: *wissen*, *verstehen*, *vergessen*

Femininum – grammatisches Geschlecht; weiblich

Finalangabe – Angabe, die das Ziel oder den Zweck einer Handlung wiedergibt. Ein Beispiel in reinstem Amtsdeutsch: *Zwecks Einrichtung einer Beratungsstelle wird das Büro 203 zunächst geräumt.*

Finalsatz – Nebensatz, der die Stelle einer Finalangabe einnimmt: *Damit eine Beratungsstelle eingerichtet werden kann, wird das Büro 203 zunächst geräumt.*

finit – Verbform, die nach Person (1., 2. oder 3. Person), Numerus (Einzahl/Mehrzahl), Modus (Indikativ/Konjunktiv/Imperativ), Genus (Aktiv/Passiv) und Tempus (Präsens, Präteritum, Futur I, Perfekt, Plusquamperfekt, Futur II) bestimmt ist: *weht*, *bin gestoppt worden*, *hättet gesoffen*, *werden angefeuert worden sein* usw.

Finitum – finite Verbform bzw. finiter Teil des Verbalkomplexes: *weht*, *bin gestoppt worden*, *hättet gesoffen*, *werden angefeuert worden sein* usw.

Flexion – Beugung; Oberbegriff zu Deklination, Konjugation und Komparation

Fokuspartikel – Partikel, die eine Hervorhebung wiedergibt, z.B.: *besonders*, *selbst*, *sogar*, *wenigstens*, *nur*, *allein*, *bloß* usw.

Frikativ – Reibelaut, Oberbegriff: Obstruent

Funktionsverbgefüge – Verbindung aus einem wenig aussagekräftigen Verb und einem bedeutungstragenden Substantiv: *Ausschau halten*, *Acht geben*, *Wert legen*, *zum Ausdruck kommen*, *Mitteilung machen*, *in Ordnung bringen*, *in die Mangel nehmen* usw.

Futur I – Zukunft; Tempus: *wir werden ableben*, *ich werde gereinigt werden* usw.

Futur II – vollendete Zukunft; Tempus: *sie werden verhandelt haben*, *man wird belagert worden sein* usw.

Genitiv – 2. Fall (Kasus), Wesfall: *des Grabens*

Genitivattribut – nachgestelltes, manchmal auch vorangestelltes Substantivattribut im Genitiv: *im Auge des Hurrikans*, *die Gnade der späten Geburt*, *mancher Frau Laster* usw.

Genitivobjekt – Satzglied, traditionelle Bezeichnung für die Ergänzung 4, Ergänzung im Genitiv: *Man soll in keinen Sarg sich legen, / will man nur kurz <u>der Ruhe</u> pflegen* (Heinz Erhardt).

Genus – grammatische Kategorie des Substantivs; Geschlecht; im Deutschen gibt es drei grammatische Genera: Neutrum (sächlich), Femininum (weiblich), Maskulinum (männlich)

Genus Verbi – Kategorie, mit der beim Verb zwischen Aktiv und Passiv unterschieden wird; Oberbegriff zu Aktiv und Passiv

Gesprächspartikel – Partikel, die der Steuerung eines Gespräches dient, z.B.: *hm*, *ja?*, *gell?*, *also*, *nicht wahr?*, *ja*, *nein*, *doch* (im Sinne von: *doch, das ist wohl wahr*), *hoppla*, *au*, *hoh*, *nanu*, *uff*, *ätsch*, *juchhu* usw.

Gleichsetzungsakkusativ – Satzglied im Akkusativ, das keine Ergänzung, also kein Akkusativobjekt ist, sondern ein Teil des Verbgefüges, der sich aber auf das Akkusativobjekt bezieht. Da ein Verbgefüge meist als Prädikat auftritt, nennt man Satzglieder wie den Gleichsetzungsakkusativ auch prädikative Satzglieder: *Der Vikar schimpft den Pastor <u>einen miserablen Prediger</u>.*

Gleichsetzungsnominativ – Satzglied im Nominativ, das keine Ergänzung, also kein Subjekt ist, sondern ein Teil des Verbgefüges, der sich aber auf das Subjekt bezieht. Da ein Verbgefüge meist als Prädikat auftritt, nennt man Satzglieder wie den Gleichsetzungsnominativ auch prädikative Satzglieder: *Der Professor bleibt <u>ein aufrichtiger Trottel</u>.*

Gleichzeitigkeit – Zeitverhältnis in der Zeitenfolge von Haupt- und Nebensatz: Das Geschehen des Nebensatzes liegt in der gleichen Zeit wie dasjenige des Hauptsatzes.

Gradpartikel – Partikel, meist bei Adjektiven, aber auch bei Verben stehend, die einen Grad oder eine Intensität wiedergibt, z. B.: *sehr*, *ziemlich*, *gar*, *beileibe* usw. Umgangssprachlich werden bisweilen auch Adjektive als Gradpartikeln verwendet, z. B. *irre*, *echt*: *Das ist echt antörnend. Der Typ ist irre cool.*

Grammatik – Wissenschaft/Lehre von der Sprache, meist untergliedert in Lautlehre, Morphologie, Wortbildungslehre und Syntax

Grundwort – zweiter Bestandteil einer Wortzusammensetzung, in der das erste Wort, das Bestimmungswort, dem zweiten untergeordnet ist: *Wadenkrampf*, *Wadenkrampfbehandlung*

Handlungsverben – siehe Tätigkeitsverben

Hilfsverb – *haben*, *sein* oder *werden* als Teil einer zusammengesetzten Verbform: *du hast geleugnet*, *Willi war geschont worden*, *wir werden gehuldigt haben*

hypotaktisch – unterordnend: Ein oder mehrere Sätze werden einem anderen Satz als Nebensatz bzw. Nebensätze untergeordnet. Beispiel: *Nachdem sie mich gehetzt hatten, verrann allmählich die Zeit.* Gegenteil: parataktisch

Imperfekt – Präteritum, Vergangenheit; Tempus: *du dürstetest*, *es wurde limitiert* usw.

imperfektive Verben – durative Verben; Aktionsart von Verben, die eine zeitliche Dauer mit ausdrücken: *schwitzen*, *verdauen*, *wachsen* usw.

inchoative Verben – ingressive Verben; Untergruppe der perfektiven Verben, die den Beginn eines Geschehens ausdrückt: *angehen*, *losprasseln*, *erblühen* usw.

Indefinitpronomen – unbestimmtes Fürwort: *alle*, *etwas*, *jemand*, *niemand* usw.

Indikativ – Modus des Verbs, Wirklichkeitsform, z. B.: *sie zagt*, *wir hatten gekonnt* usw.

infinit – Verbform, die nicht nach der Person bestimmt ist: *bin gestoppt worden*, *hättet gesoffen*, *werden angefeuert worden sein* usw.

Infinitiv – Grundform des Verbs: *hören*, *harren*, *laufen*, *werden*, *sein*, *verdauen*, *meditieren*, *schlafen* usw.

ingressiv – siehe inchoative Verben

Inhaltssatz – siehe Ergänzungssatz

intensiv – Aktionsart des Verbs; Verben, welche die Intensität eines Vorgangs mit ausdrücken: *grinsen*, *schluchzen*, *schmollen* usw.

Interjektion – Ausrufewort; Wort, das nicht gebeugt wird (unflektierbar) und eine Empfindung, eine Gemütsbewegung ausdrückt: *autsch*, *papperlapapp*, *auweia*, *hm* usw.

Interrogativadverb – Frageadverb, Frageumstandswort: *wann*, *wo*, *warum*, *wozu*, *wie*, *wodurch* usw.

Interrogativpronomen – Fragepronomen, Fragefürwort: *wer*, *was*, *wessen*, *wem*, *wen*, *welche*, *was für ein* usw.

intransitiv – nicht transitiv, d. h. nicht zielend, bezeichnet alle Verben, die keinen passivfähigen Akkusativ binden wie: *jubeln*, *gehorchen*, *laufen*, *denken*, *nörgeln* usw.

iterative Verben – Aktionsart des Verbs; Verben, die eine Wiederholung gleichartiger Vorgänge mit ausdrücken: *schwingen*, *zittern*, *sticheln* usw.

Kardinalzahl – Grundzahl: *eins*, *zwei*, *drei*, *zwölf*, *hundert* usw.

Kasus – Fall; im Deutschen gibt es vier Kasus (Fälle): Nominativ, Genitiv, Dativ, Akkusativ

kataphorisch – vorausverweisend, Funktion etwa von Pronomen, auf ein anderes Wort oder Satzglied vorauszuverweisen und als dessen syntaktischer Stellvertreter aufzutreten: *Ich hatte das, was man eine Pechsträhne zu nennen pflegt.*

Kausalangabe – Angabe, die den Grund oder die Ursache von etwas angibt: *Nur auf Grund eurer unermüdlichen Anfeuerungen* / *Nur weil ihr mich unermüdlich angefeuert habt, habe ich schließlich diese neue Bestzeit geschafft.*

Kausalsatz – Nebensatz, der die Stelle einer Kausalangabe einnimmt: *Kater Karlo wollte es, da er nun schon einmal hier war, der Mickymaus gehörig heimzahlen.*

Kernsatz – Satz mit dem Finitum an zweiter Stelle, Aussagesatz: *Das habe ich nicht gewollt.*

Kommutationsprobe – Austauschprobe; ein Satzglied wird durch ein anderes, meist einfacheres der gleichen Art ersetzt

Komparation – Steigerung; Flexionsart von Adjektiven, Bildung der drei verschiedenen Vergleichsformen des Adjektivs, der Grundstufe (Positiv): *ölig*, *groß*, *hoffnungsfroh*, der Mehrstufe (Komparativ): *öliger*, *größer*, *hoffnungsfroher* und der Höchststufe (Superlativ) *am öligsten*, *größten*, *hoffnungsfrohesten*

Komparativ – Vergleichsform des Adjektivs, Mehrstufe: *munterer*, *weiser*, *aufgeregter* usw.

Konditionalangabe – Angabe, welche die Bedingung für etwas angibt: *Unter der Bedingung eines angemessenen Handgeldes könnte ich mir durchaus vorstellen, zu Ihrem Verein zu wechseln.*

Konditionalsatz – Nebensatz, der die Stelle einer Konditionalangabe besetzt: *Wenn erst einmal die Dämme brechen, ja dann danke.*

Kongruenz – Übereinstimmung verschiedener Satzglieder in Numerus, Kasus, Genus oder Person

Konjugation – Flexion (Beugung) des Verbs, unterscheidet die finiten von den infiniten Formen des Verbs, Unterscheidung der finiten Formen nach Person (1., 2. und 3. Person), Numerus (Singular/Plural), Tempus (Präsens, Imperfekt/Präteritum, Futur I, Perfekt, Plusquamperfekt, Futur II), Modus (Indikativ, Konjunktiv, Imperativ) und Genus (Aktiv, Passiv)

Konjunktion – Bindewort; Wortart, unflektierbar, dient der Verknüpfung von Sätzen und Satzgliedern: *und*, *oder*, *sowohl – als auch*, *weder – noch*, *als*, *nachdem*, *wenn*, *falls*, *weil*, *da*, *obwohl*, *indem*, *dass* usw. Man unterscheidet nebenordnende Konjunktionen, die grammatisch Gleichrangiges verbinden, wie *und*, *oder*, *aber* usw. von unterordnenden Konjunktionen (Subjunktionen), die Nebensätze einleiten, wie *weil*, *obwohl*, *dass.*

Konjunktiv – Modus des Verbs, Möglichkeitsform, z. B.: *sie zage*, *wir hätten gekonnt*

Konsekutivangabe – Angabe, welche die Folge eines Zustandes, eines Geschehens oder einer Handlung angibt: *Die rigorose städtische Bauplanungspolitik wurde mit der Folge mehr und mehr um sich greifenden illegalen Bauens immer weiter vorangetrieben.*

Konsekutivsatz – Nebensatz, der die Stelle einer Konsekutivangabe besetzt: *Die Erregung der Fans steigerte sich immer mehr, so dass bald alle Dämme zu brechen drohten*.

Konsonant – Mitlaut; Laut, bei dessen Artikulation der ausströmende Atem zeitweise eingeengt bzw. aufgehalten bis angehalten wird

Konzessivangabe – Angabe, die eine Einräumung ausdrückt: *Wir werden trotz alledem nicht aufgeben.*

Konzessivsatz – Nebensatz, der die Stelle einer Konzessivangabe besetzt: *Die Erregung der Fans steigerte sich immer mehr, obwohl der Stadionsprecher und die Spieler beruhigend auf sie einzuwirken versuchten*.

Kopula – Verb, das Subjekt und Prädikative (Prädikatsadjektiv, Prädikatsnomen) verbindet wie *sein*, *werden*, *bleiben*

Korrelat – Bezugswort: *damit*, *darauf*, *darüber*, *deswegen*, *daher*, *darum*, *dadurch*, *daran* usw.

Lexik – Wortschatz

Maskulinum – grammatisches Geschlecht; männlich

Modalpartikel – Partikel, mit der eine Einstellung des Autors ausgedrückt wird; es sind Wörter, die auch als Vertreter anderer Wortklassen auftauchen: *aber*, *schon*, *denn*, *ja*, *doch*, *bloß*, *eben*, *eigentlich*, *etwa*, *halt*, *nur*, *wohl*, *vielleicht* usw. Man unterscheide aber die Verwendung als Partikel von anderen: *Das kann doch* (Modalpartikel) *nicht wahr sein? Doch* (Konjunktion) *genau dies ist wahr.*

Modalverb – im strengen Sinne Verben (es sind dies: *dürfen*, *können*, *mögen*, *müssen*, *sollen*, *wollen*), die sich dadurch auszeichnen, dass sie den Infinitiv ohne *zu* als Ergänzung nehmen können (*Das kann klappen* im Gegensatz zu: *Das scheint zu klappen*), nicht im Imperativ verwendet werden (**Muss ins Bett gehen!* ist ungrammatisch im Gegensatz zu: *Beeil dich, ins Bett zu gehen!*), die zusammengesetzten Formen der Vergangenheit nicht mit dem Partizip II, sondern mit dem Infinitiv Präsens Aktiv bilden (*Ich habe ihn nicht um die Ecke bringen können* im Gegensatz zu: *Ich habe ihn nicht um die Ecke gebracht*) und das Präsens bilden wie starke Verben das Präteritum (*schwimmen – ich schwamm → dürfen – ich darf*). Im weiteren Sinne zählt man auch die Verben *brauchen*, *lassen*, *werden* zu den Modalverben. Diese weisen von den vier genannten Charakteristika das Vierte nicht auf.

Modus – Oberbegriff für die drei Äußerungstypen des finiten Verbs Indikativ, Konjunktiv und Imperativ

Morphologie – Wissenschaft/Lehre von den Flexionsformen, Teil der Grammatik, Oberbegriff für Deklination, Komparation und Konjugation

Nachzeitigkeit – Zeitverhältnis in der Zeitenfolge von Haupt- und Nebensatz: Das Geschehen des Nebensatzes liegt zeitlich nach dem des Hauptsatzes.

Negation – Verneinung

Negationspartikel – Partikeln, die der Verneinung dienen: *nicht*, *keineswegs*, *weder – noch* usw.

Neutrum – grammatisches Geschlecht; sächlich

Nominalisierung – Substantivierung von Verben, Adjektiven, Präpositionen usw.: *das Starren auf die Kurse*, *die Verführung der Amazone*, *das Schöne an dem ganzen Unglück*, *das ewige Hin und Her* usw.

Nominalphrase – Wendung, die als Kern ein Substantiv enthält

Nominativ – 1. Fall (Kasus), Werfall: *der Plan*

Numerus – Oberbegriff für Singular (Einzahl) und Plural (Mehrzahl)

Objekt – traditionelle Bezeichnung für bestimmte Ergänzungen, nicht aber für die Ergänzung 1 (Subjekt); man unterscheidet Genitiv-, Dativ-, Akkusativ- und Präpositionalobjekte

Objektsatz – Unterbegriff zu Ergänzungssatz (siehe dort)

Obstruent – Konsonant, bei dessen Erzeugung der Atemstrom zu einem Teil (Reibelaut, Frikativ, Spirant) oder völlig (Plosiv, Verschlusslaut) behindert ist

Ordinalzahl – Ordnungszahl: *das/der/die Erste*, *Zweite*, *Dritte* usw.

parataktisch – nebenordnend: Zwei Sätze werden gleichrangig hintereinander gereiht: *Sie hatten mich gehetzt, und allmählich verrann die Zeit.* Gegenteil: hypotaktisch

Partikel – Gesprächswort; Wort, das nicht gebeugt (flektiert) wird und einen Grad, eine innere Einstellung, eine Hervorhebung ausdrückt; man unterscheidet Gradpartikeln, Modalpartikeln, Fokuspartikeln, Gesprächspartikeln, Negationspartikeln; häufig wird der Ausdruck zusammenfassend für alle nicht beugbaren (unflektierbaren) Wörter verwendet, als Oberbegriff für Adverbien, Gesprächswörter, Interjektionen, Konjunktionen, Präpositionen usw.

Partizip – Mittelwort; Wortart, Adjektivierung eines Verbs; man unterscheidet zwei Arten: Partizip I und Partizip II

Partizip I – Mittelwort, traditionell als Partizip Präsens Aktiv (PPA) bezeichnet: *raufend*, *fügend*, *tretend* usw.

Partizip II – Mittelwort, traditionell als Partizip Perfekt Passiv (PPP) bezeichnet: *gerauft, gefügt, getreten* usw.

Passiv – ein Genus Verbi; täterabgewandt: *du wirst geohrfeigt, ihr seid geweckt worden, sie wäre befriedigt worden* usw.

Perfekt – Vorgegenwart; Tempus: *sie haben verantwortet, du bist geklommen, ich bin geehrt worden* usw.

perfektive Verben – terminative Verben; Aktionsart von Verben, die eine zeitliche Begrenztheit, einen Anfang oder eine Abgeschlossenheit mit ausdrücken: *ertrinken, vollenden, erklimmen* usw.; man unterscheidet inchoative (ingressive) und resultative (egressive) Verben.

Person – Bestimmung von Pronomen und finiten Verben; man unterscheidet drei Personen in Singular und Plural: 1. Person = Sprecher/Schreiber: *ich/wir*, 2. Person = Angesprochener/Angeschriebener: *du/ihr*, 3. Person = Besprochene(r), Besprochenes / Beschriebene(r), Beschriebenes: *er, sie, es / sie*

Personalpronomen – persönliches Fürwort: *ich, du, er, sie, es, wir, ihr, mir, dich, ihm, ihrer* usw.

Pertinenzdativ – Zugehörigkeitsdativ, bezeichnet als Dativobjekt, indirektes Objekt ein Lebewesen oder eine Sache, auf dessen/deren Ganzes ein Teil bezogen wird: *Hast du <u>dir</u> auch die Zähne geputzt?*

phorisch – verweisend, Funktion etwa von Pronomen, auf ein anderes Wort oder Satzglied zu verweisen und als dessen syntaktischer Stellvertreter aufzutreten: *Ich hatte Pech. <u>Das</u> klebt geradezu an mir.*

Plosiv – Verschlusslaut; Konsonant, bei dessen Erzeugung der Atemstrom völlig behindert ist; Obergriff: Obstruent

Plural – Mehrzahl, Unterbegriff zu Numerus

Pluraletantum – Wort, das nur im Plural auftritt: *Leute, Antillen, Finanzen* usw.

Plusquamperfekt – Vorvergangenheit; Tempus: *wir hatten gewatet, sie war geklommen, ihr wart verladen worden* usw.

Positiv – Vergleichsform des Adjektivs, Grundform: *munter, zukunftsweisend, zielorientiert*

Possessivpronomen – besitzanzeigendes Fürwort: *mein, dein, sein, ihr, unser, euer* usw.

Prädikat – das den Satz strukturierende ein- oder mehrteilige Verb: *lädst, wäret untergegangen, wird gelesen sein, werdet gekitzelt, logst* usw.

prädikativ – zum Prädikat gehörend; man unterscheidet Prädikatsnomen und Prädikatsadjektive; darüber hinaus treten auch prädikative Infinitive mit *zu*, prädikative Partizipialgruppen, prädikative Nebensätze u. a. auf.

prädikative Partizipialgruppe – Partizipialgruppe, die zum Prädikat gehört: *Diese Geschichte scheint mir doch <u>sehr weit hergeholt</u>.*

prädikativer Infinitiv – Infinitiv, der zum Prädikat gehört: *Das ist <u>wie mit</u>*

angezogener Handbremse den Großen Preis von Monaco gewinnen wollen.

prädikativer Nebensatz – Nebensatz, der zum Prädikat gehört: *Karl der Große war, was er immer sein wollte.*

Prädikativ(um) – etwas, das zum Prädikat gehört, aber kein Verb ist, z. B. ein Substantiv oder Adjektiv: *Man nennt ihn auch Slowhand. Das dünkt mich weise. Das ist aber blöd.* (Vgl. prädikativ.)

Prädikatsadjektiv – Adjektiv, das zusammen mit einem (Kopula-)Verb ein Verknüpfungsprädikat bildet: *Vera ist genial.*

Prädikatsnomen – Substantiv (Nomen), das zusammen mit einem (Kopula-)Verb ein Prädikat bildet: *Vera ist ein Genie.*

Präfix – an den Anfang eines Wortes angefügtes unselbstständiges Wortbildungsmorphem

Pragmatik – Wissenschaft/Lehre vom sprachlichen Handeln

Präposition – Verhältniswort; unflektiertes Wort, welches eine Beziehung zu einem anderen Satzglied oder dem ganzen Satz wiedergibt: *in, neben, nach, während, aufgrund, durch, mit, mittels, trotz, zwecks* usw.

Präpositionalattribut – nach-, selten auch vorangestelltes Substantivattribut: *Grammatik ohne Grauen, ein Mann mit Humor, vom Speck das Fette* usw.

Präpositionalobjekt – traditionelle Bezeichnung für die Ergänzung 5, die Ergänzung, die durch eine Präposition eingeleitet wird, wie in: *Hier legte er sich rücklings nieder / und schloss den Deckel und die Lider – / nicht überlegend, dass im Off / es ihm gebrach an Sauerstoff* (Heinz Erhardt).

Präsens – Gegenwart; Tempus: *sie schwadroniert, es reicht, ihr werdet verkohlt* usw.

Präteritum – auch: Imperfekt, Vergangenheit; Tempus: *sie lochte, du wurdest gefördert* usw.

Pronomen – Fürwort; Wortart, deklinierbar, steht beim oder für das Substantiv: *ich, du, er, sie, es, wir, ihr, sie, welche, der, die, das, jenes, diese, solche* usw.

punktuelle Verben – Untergruppe der perfektiven Verben, die ein momentanes, punktuelles Geschehen ausdrückt: *töten, treffen, erblicken* usw.

reflexive Verben – Untergruppe von Verben; Verben, die ein Reflexivpronomen als Ergänzung binden: *sich sputen, sich verdrücken, sich schämen* usw.

Reflexivpronomen – rückbezügliches Fürwort: *sich, mich, deiner, uns, euch* usw.

Rektion – Potenz von Verben, Adjektiven, Substantiven, Präpositionen, den Fall (Kasus) eines abhängigen Satzgliedes zu bestimmen

Rektion, kategoriale – Rektion, die nicht vom einzelnen Wort abhängt, sondern von einer Kategorie, unter die ein Wort einzuordnen ist, z. B. von der Wortart. So regiert die Wortart Verb immer den Nominativ, denn jedes Verb verlangt einen Nominativ, während die anderen Kasus vom jeweiligen Verb, vom Wort selbst also, abhängen (vgl. Rektion, lexikalische; Wortartrektion).

Rektion, lexikalische – Wortrektion; Rektion, die nur vom jeweils verwendeten Wort abhängt, z. B. der Akkusativ vom Verb *sehen*: *Siehst du das Licht am Ende des Tunnels?*

Relativpronomen – bezügliches Fürwort; leitet einen Relativsatz ein: *der, die, das, denen, dessen, dem, welche, welchen* usw.

Relativsatz – Nebensatz, meist Attributsatz, der mit einem Relativpronomen eingeleitet wird: *Nun hat sich die rassige Grabungsleiterin doch auf den jungen Studenten eingelassen, der ihr doch zunächst unsympathisch gewesen war.*

resultative Verben – egressive Verben; Untergruppe der perfektiven Verben, die den Abschluss eines Geschehens ausdrückt: *gelangen, vergeigen, aufbrauchen* usw.

Rezipientenpassiv – *bekommen/erhalten/kriegen*-Passiv, Passiv bei dem das Dativobjekt des Aktivsatzes in das Subjekt des entsprechenden Passivsatzes transformiert wird: *Der türkische Vorarbeiter macht der Werksleitung einen Verbesserungsvorschlag.* → *Die Werksleitung bekommt vom türkischen Vorarbeiter einen Verbesserungsvorschlag gemacht.*

reziproke Verben – Untergruppe von Verben; Verben mit Subjekt im Plural und Reflexivpronomen als Ergänzung, wobei sich das Reflexivpronomen auf jeden der beiden Subjektteile bezieht: *Sie schlagen sich. Die beiden Ganoven stehen sich in nichts nach.*

Rhema – im Satz das, was über etwas anderes (Thema) ausgesagt wird: *Die Kellerassel* (Thema) *ereiferte sich über London* (Rhema).

Rhetorik – Lehre/Wissenschaft von der guten öffentlichen Rede; Redekunst

rhetorisches Prinzip – Grundsatz, der auf der Rede basiert

Satz – Ausdruck einer selbstständigen sinnvollen Äußerung vermittels einer durch ein finites Verb strukturierten Folge von Wörtern

Satzglied – Wort oder Wortgruppe, die allein oder mit anderen Wörtern oder Wortgruppen einen Satz bildet. Wichtige Satzglieder sind Prädikat, Ergänzung und Angabe sowie das diesen untergeordnete Attribut.

Semantik – Wissenschaft/Lehre von der Bedeutung sprachlicher Einheiten

semantisch – die Bedeutung betreffend

Singular – Einzahl; Unterbegriff zu Numerus

Singularetantum – Wort, das nur im Singular auftritt: *Zubehör, Obst, wer, jede* usw.

Spannsatz – Satz mit dem Finitum an letzter Stelle, Nebensatz: *Weil ich ein Mädchen bin, ...*

Spatium – Zwischenraum, Leerzeichen zwischen zwei Wörtern

Stirnsatz – Satz mit dem Finitum an erster Stelle, Aufforderungssatz und Entscheidungsfragesatz: *Lass ab von deinem Sinnen! Warst du das?*

Subjekt – traditionelle Bezeichnung der Ergänzung 1, die im Nominativ steht
Subjektsatz – Unterbegriff zu Ergänzungssatz (siehe dort)
Subjunktion – Unterart der Konjunktionen; leitet einen Nebensatz oder eine Infinitivgruppe ein: *weil*, *um*, *obwohl* usw.
Substantiv – auch: Nomen, Hauptwort; Wortart, dient der Kennzeichnung von Dingen, Personen, Sachverhalten usw.: *Kaffeesatz*, *Kuh*, *Konzertgitarre*, *Subjekt*, *Literaturbüro*, *Schreck*, *Lichtjahr*, *Atemnot*, *Abstraktionsvermögen* usw.
Substantivangabe – Angabe mit Bezug auf das Substantiv: *Der Häuptling will ihn lebend haben.*
Suffix – Nachsilbe, hinten an ein Wort bzw. an einen Wortstamm angehängtes unselbstständiges Wortbildungsmorphem
Superlativ – Vergleichsform des Adjektivs, Höchst-, Meistform: *am muntersten*, *am weisesten*, *am aufgeregtesten* usw.
syntaktisches Prinzip – Grundsatz, der auf der Syntax basiert
Syntax – Satzbildungslehre, Lehre vom Satzbau; Teil der Grammatik
Tätigkeitsverben – Handlungsverben; Verben, die eine Handlung, Tätigkeit ausdrücken: *Die kleine Lektoratsassistentin stahl ihrer Chefin eindeutig die Show.*
Temporalangabe – Angabe, die den Zeitpunkt oder Zeitraum eines Zustandes, eines Geschehens oder einer Handlung angibt: *Ich habe geschlagene 1,5 Stunden auf dich gewartet.*
Temporalsatz – Nebensatz, der die Stelle einer Temporalangabe besetzt: *Ich habe, bis 1,5 Stunden vorübergegangen waren, auf dich gewartet.*
Tempus – Zeit; eine der Bestimmungsgrößen des finiten Verbs; im Deutschen gibt es die Zeiten Präsens, Präteritum (Imperfekt), Futur I, Perfekt, Plusquamperfekt, Futur II
terminativ – siehe perfektive Verben
Thema – das, worüber in einem Satz etwas ausgesagt wird: *Das Kartenspiel Skat* (Thema) *wird von sehr vielen Menschen gern gespielt* (Rhema).
transitiv – zielend, bezeichnet Verben mit einem passivfähigen Akkusativ wie: *verehren*, *errichten*, *erschießen*, *kaufen* usw.
Umlaut – Bezeichnung für die Selbstlaute (Vokale) *ä*, *ö*, *ü*
Umstandsbestimmung – Angabe (siehe dort)
Valenz – Wertigkeit; Rektion, die vom Verb ausgeht und bei der das regierte Satzglied eine Ergänzung ist; bestimmt, welche und wie viele Ergänzungen ein Wort in einer bestimmten Position fordert; für den Satz ist die Valenz des Verbs von entscheidender Bedeutung, von Anzahl und Art der Ergänzungen des Verbs hängt der Aufbau des entsprechenden Satzes ab; 1-Wertigkeit: *Helmut* (E1) *wächst*, 2-Wertigkeit: *Klaus* (E1) *liebte Karin* (E2), 3-Wertigkeit: *Die Kleine* (E1) *trotzte dem Vater* (E3) *ein Eis* (E2) *ab.*
Verb – Tätigkeitswort; Wortart, konjugierbar: *stechen*, *fahren*, *überlassen*, *aufhalten*, *telefaxen*, *recyceln*, *parallelisieren* usw.

Verschiebeprobe – Elemente eines Satzes werden verschoben, damit aus der Grammatikalität und Bedeutung des entstandenen Satzes darauf geschlossen werden kann, was zu einem Satzglied gehört und was nicht.

Vokal – Selbstlaut; Laut, bei dessen Artikulation die Atemluft ungehindert aus dem Mund ausströmt

Vollverb – Verb, das eine lexikalische Bedeutung hat und allein als Prädikat auftreten kann: *rufen*, *erben*, *mobben* usw.

Vorgangspassiv – Art des Passivs, die einen Vorgang oder eine Handlung ausdrückt, wird mit Hilfe des Hilfsverbs *werden* gebildet: *Der Coup wird so und nicht anders durchgeführt*.

Vorgangsverben – Verben, die einen Vorgang ausdrücken, eine Veränderung, die dem Subjekt widerfährt: *Doof bleibt doof, da helfen keine Pillen.*

Vorzeitigkeit – Zeitverhältnis in der Zeitenfolge von Haupt- und Nebensatz: Das Geschehen des Nebensatzes liegt zeitlich vor dem des Hauptsatzes.

Wertigkeit – siehe Valenz

Wortartrektion – kategoriale Rektion; Rektion, die sich aus der Wortart des regierenden Wortes ergibt. So regiert die Wortart Substantiv den Genitiv des Genitivattributs: *die Bank Ihres Vertrauens*, *das Ende der Fahnenstange* usw.

Wortstamm – Wort ohne Morpheme der Wortbildung und Flexion; bei Tätigkeitswörtern (Verben) legt man den Infinitiv zu Grunde: Der Wortstamm ist hier der um die Infinitivendung *-en* verkürzte Wortteil: *leben – leb*, bei Substantiven der um die Deklinationsendung verminderte Wortteil: *Kindern – Kind*, bei Adjektiven ebenso, oft ist eine Komparationsendung wegzustreichen: *tief[e]ste – tief*

Wortzusammensetzung – Wortbildung aus selbstständigen Wörtern; das daraus entstandene Wort. Sind die Bestandteile gleichgeordnet, handelt es sich um eine Kopulativzusammensetzung; ist der erste Bestandteil (Bestimmungswort) dem zweiten (Grundwort) untergeordnet, handelt es sich um eine Determinativzusammensetzung.

Zeitenfolge – Consecutio Temporum, Verhältnis der Zeiten von Haupt- und Nebensatz. Man unterscheidet Vorzeitigkeit, Gleichzeitigkeit und Nachzeitigkeit.

Zustandspassiv – eine Art des Passivs, die weder Handlung noch Vorgang, sondern das Ergebnis ausdrückt, wird mit Hilfe des Hilfsverbs *sein* gebildet: *Der Coup ist perfekt durchgeführt. Das Greenhorn war schon fast überredet gewesen*.

Zustandsverben – Verben, die einen Zustand, ein Sein, Beharren ausdrücken: *Kalkutta liegt am Ganges, Paris liegt an der Seine …*

Literaturhinweise

Beck, Götz (1991): Lasst doch die Kirche im Dorfe! Oder: Wie einige denken, dass Frauen und Männer in der Sprache vorkommen (/sollten). Einige Bemerkungen zur sog. feministischen Linguistik. In: Diskussion Deutsch, Heft 117, Februar/März 1991, S. 94–107.

Bremerich-Vos, Albert (1991): Anmerkungen zu Eigennamen. Vom Nutzen und Nachteil sprachphilosophischer Erwägungen im Kontext der Diskussion um eine Reform der Orthographie. In: Diskussion Deutsch, Heft 117, Februar/März 1991, S. 79–93.

Brinker, Klaus (1988): Linguistische Textanalyse. Eine Einführung in Grundbegriffe und Methoden. Berlin: Erich Schmidt.

Brünner, Gisela (1990): Wie kommen Frauen und Männer in der Sprache vor? Eine Unterrichtseinheit in der Sekundarstufe II. In: Diskussion Deutsch, Heft 111, 1990, S. 46–71.

Bußmann, Hadumod (2002): Lexikon der Sprachwissenschaft. Stuttgart: Alfred Kröner.

Deutsche Akademie für Sprache und Dichtung (2003): Zur Reform der deutschen Rechtschreibung. Ein Kompromißvorschlag. Göttingen: Wallstein.

DIN Deutsches Institut für Normung e. V. (Hg.) (2001): Schreib- und Gestaltungsregeln für die Textverarbeitung. Sonderdruck von DIN 5008: 2001. Berlin: Beuth.

Duden, Bd. 1 (2002): Die deutsche Rechtschreibung. Mannheim, Leipzig, Wien u. a.: Dudenverlag.

Duden, Bd. 4 (1998): Die Grammatik. Mannheim, Leipzig, Wien u. a.: Dudenverlag.

Duden, Bd. 5 (2001): Das Fremdwörterbuch. Mannheim, Leipzig, Wien u. a.: Dudenverlag.

Duden, Bd. 9 (2001): Richtiges und gutes Deutsch. Mannheim, Leipzig, Wien u. a.: Dudenverlag.

Duden-Taschenbuch (2002): Komma, Punkt und alle anderen Satzzeichen. Mannheim, Leipzig, Wien u. a.: Dudenverlag.

Eisenberg, Peter (1997): Das Versagen orthographischer Regeln: Über den Umgang mit dem Kuckucksei. In: Eroms, H.-W. / Munske, H. H.: Pro und Kontra. Die Rechtschreibreform. Berlin: Erich Schmidt, S. 47–50.

Eisenberg, Peter (1998/2000): Grundriss der deutschen Grammatik. Bd. 1: Das Wort. Stuttgart, Weimar: Metzler.

Eisenberg, Peter (1999): Grundriss der deutschen Grammatik. Bd. 2: Der Satz. Stuttgart, Weimar: Metzler.

Engel, Ulrich (1991): Deutsche Grammatik. Heidelberg: Groos.

Eroms, Hans-Werner / Munske, Horst Haider (1997): Pro und Kontra. Die Rechtschreibreform. Berlin: Erich Schmidt.

Eschenlohr, Stefanie (1999): Vom Nomen zum Verb: Konversion, Präfigierung und Rückbildung im Deutschen. Hildesheim, Zürich, New York: Georg Olms.

Finckenstein, Theodor Graf Finck von (1998): Protokollarischer Ratgeber. Hinweise für persönliche Anschriften und Anreden im öffentlichen Leben. Köln: Bundesanzeiger.

Fircks, Alexander Freiherr von (1997): Anreden und Anschriften. Handbuch für korrekte Anreden und Anschriften von Persönlichkeiten des öffentlichen und gesellschaftlichen Lebens. Sankt Augustin: Asgard Hippe.

Friedrich, Christoph (1997): Schriftliche Arbeiten im technisch-naturwissenschaftlichen Studium. Mannheim, Leipzig, Wien u. a.: Dudenverlag.

Groeben, Norbert (1982): Leserpsychologie: Textverständnis – Textverständlichkeit. Münster: Aschendorff.

Guentherodt, Ingrid / Hellinger, Marlis / Pusch, Luise F. / Trömel-Plötz, Senta (1980): Richtlinien zur Vermeidung sexistischen Sprachgebrauchs. In: Linguistische Berichte 69, 1980, S. 15–20.

Helbig, Gerhard / Buscha, Joachim (1991): Deutsche Grammatik. Ein Handbuch für den Ausländerunterricht. Leipzig, Berlin, München: Verlag Enzyklopädie Langenscheidt.

Ivo, Hubert / Neuland, Eva (1991): Grammatisches Wissen. Skizze einer empirischen Untersuchung über Art, Umfang und Verteilung grammatischen Wissens (in der Bundesrepublik). In: Diskussion Deutsch, Heft 121, Oktober 1991, S. 437–493.

Macheiner, Judith (1991): Das grammatische Varieté. Frankfurt: Eichborn.

Mackowiak, Klaus / Steffen, Karin (1991): Statistische Auswertung der Anfragen an das Grammatische Telefon. In: Diskussion Deutsch, Heft 121, Oktober 1991, S. 518–535.

Mackowiak, Klaus (1993): Zeichensetzung – schnell trainiert. Landsberg: mvg.

Mackowiak, Klaus (1997): Die neue Rechtschreibung – schnell trainiert. Landsberg: mvg.

Mackowiak, Klaus (1997): 50 leichte Lücken-Diktate. Berlin: Urania.

Mackowiak, Klaus (1997): Kater Karlos verwegene Kumpane: Die Rechtschreibreform, die Reformer und die anderen. In: Eroms, Hans-Werner / Munske, Horst Haider: Pro und Kontra. Die Rechtschreibreform. Berlin: Erich Schmidt.

Mackowiak, Klaus (1998): Deutsch. Gut und treffend formulieren. Augsburg: Weltbild.

Mackowiak, Klaus (1999): Grammatik ohne Grauen. München: C. H. Beck.

Mackowiak, Klaus (1998 – 2002): RückLicht-Sprachglossen. In: Süddeutsche Zeitung. Süddeutsche am Wochenende, Letzte Seite.

Mackowiak, Klaus (2002): Zeichensetzung. Heft 1, 2. München: Oldenbourg.

Niederhauser, Jürg (2000): Die schriftliche Arbeit. Mannheim, Leipzig, Wien u. a.: Dudenverlag.

Pusch, Luise (1984): Das Deutsche als Männersprache. Frankfurt am Main.

Scheuringer, Hermann (1996): Geschichte der deutschen Rechtschreibung. Wien: Edition Praesens.

Weinrich, Harald (1993): Textgrammatik der deutschen Sprache. Mannheim, Leipzig, Wien u. a.: Dudenverlag.

Werlin, Josef (1999): Wörterbuch der Abkürzungen. Mannheim, Leipzig, Wien u. a.: Dudenverlag.

Witzer, Brigitte (Hg.) (2003): Satz und Korrektur. Mannheim, Leipzig, Wien u. a.: Dudenverlag.

Wolff, Peter (2000): Anreden und Anschriften. Berlin: Urania.

Zifonun, G. / Hoffmann, L. u. a. (1997): Grammatik der deutschen Sprache. Berlin, New York: de Gruyter.

Internetadressen

Duden-Newsletter (2001 bis heute), über: <http://www.duden.de>.

Gesellschaft für deutsche Sprache: <http://www.gfds.de>.

Institut für Deutsche Sprache: <http://www.ids-mannheim.de>.

Klaus Mackowiak: <http://www.klaus-mackowiak.de>.

Wortschatzlexikon der Universität Leipzig: <http://wortschatz.uni-leipzig.de>.

Aus dem Verlagsprogramm

Sprache und Literatur in der Beck'schen Reihe

Hans-Dieter Gelfert
Was ist gute Literatur?
Wie man gute Bücher von schlechten unterscheidet
2004. 224 Seiten. Paperback. Band 1591

Thomas Anz/Rainer Baasner (Hrsg.)
Literaturkritik
Geschichte – Theorie – Praxis
2004. 224 Seiten. Paperback. Band 1588

Robert Weninger
Streitbare Literaten
Kontroversen und Eklats in der deutschen Literatur von Adorno bis Walser
2004. 224 Seiten. Paperback. Band 1613

Göran Hägg
Die Kunst, überzeugend zu reden
44 kleine Lektionen in praktischer Rhetorik
Aus dem Schwedischen von Susanne Dahmann
2., durchgesehene Auflage. 2003. 248 Seiten.
Paperback. Band 1525

Bengt Algot Sørensen (Hrsg.)
Geschichte der deutschen Literatur
Band 1. Vom Mittelalter bis zur Romantik
2., durchgesehene Auflage. 2003.
352 Seiten mit 5 Abbildungen und 2 Karten.
Paperback. Band 1216

Band 2. Vom 19. Jahrhundert bis zur Gegenwart
2., aktualisierte Auflage. 2002. 468 Seiten
Paperback. Band 1217

Verlag C. H. Beck München

Sprache und Literatur in der Beck'schen Reihe

Horst Steinmetz
Moderne Literatur lesen
Eine Einführung
2. Auflage 1996. 264 Seiten. Paperback. Band 1152

Arthur Schopenhauer
Die Kunst zu beleidigen
Herausgegeben von Franco Volpi
2. Auflage 2003. 130 Seiten mit einer Abbildung
Paperback. Band 1465

Moritz Baßler
Der deutsche Pop-Roman
Die neuen Archivisten
2002. 222 Seiten mit 9 Abbildungen. Paperback. Band 1474

Otto A. Böhmer
Sternstunden der Literatur
Von Dante bis Kafka
2. Auflage. 2003. 181 Seiten. Paperback. Band 1557

Willy Sanders
Gutes Deutsch
Stil nach allen Regeln der Kunst
2002. 190 Seiten. Paperback. Band 1491

Kurt Schreiner
Von Servicepoint bis unkaputtbar
Streifzüge durch die deutsche Sprache
2002. 232 Seiten. Paperback. Band 1493

Verlag C. H. Beck München

Christoph Gutknecht bei C. H. Beck

Ich mach's dir mexikanisch
Lauter erotische Wortgeschichten
2004. 256 Seiten mit 8 Abbildungen. Paperback
Beck'sche Reihe Band 1592

Pustekuchen!
Lauter kulinarische Wortgeschichten
2. Auflage. 2002. 288 Seiten mit 12 Abbildungen. Paperback
Beck'sche Reihe Band 1481

Lauter blühender Unsinn
Erstaunliche Wortgeschichten von Aberwitz bis Wischiwaschi
3. Auflage. 2003. 228 Seiten mit 4 Abbildungen. Paperback
Beck'sche Reihe Band 1431

Lauter Worte über Worte
Runde und spitze Gedanken über Sprache und Literatur
1999. 391 Seiten mit 25 Abbildungen. Paperback
Beck'sche Reihe Band 1317

Lauter spitze Zungen
Geflügelte Worte und ihre Geschichte
3. Auflage 2001. 292 Seiten mit 11 Abbildungen und einer Tabelle
Beck'sche Reihe Band 1186

Lauter böhmische Dörfer
Wie die Wörter zu ihrer Bedeutung kamen
7., durchgesehene Auflage. 2004. 212 Seiten. Paperback
Beck'sche Reihe Band 1106

Verlag C. H. Beck München